なりたい自分に“代わる”だけ

大成功してる私が教えてくれた

人生が大逆転する宇宙の法則

扶桑社

この本を読む前に

本書では、各章の終わりに「仕上げのワーク」を紹介しています。このワークには、**パワーアート**が必要になるので、右記よりその画像をダウンロードした後、スマホなどに保存してご利用ください。

●ブックデザイン
小口翔平+加瀬梓(tobufune)
●装画・本文イラスト
高田真弓

ここは、
この世界の多くの人を
幸せに導いた人だけが入れる
秘密の会員制ホテル。

人々を心から楽しませ、
勇気を与え、
目覚めさせる特殊な施設の
経営で世界的に成功した私は
その会員である。

ここには、メンバーが次の構想を練るための、
想像を超える設備が整っている。

リゾートアイランドのビーチに打ち寄せる波音、
渓谷の清流の調べや小鳥たちのさえずり、
1/fのぽたぽた滴《したた》る優しい雨の音、
聞いたこともないような天国の調べ、
天使たちの合唱……などなど、
聞きたい音を選ぶことができる。

心を鎮めたり、高揚させたり、
意識を広げたり、愛で満たしたり、
様々な効用のある独自ブレンドの
アロマも選択できる。

もちろん部屋の内装はスイート仕様。
ヨーロピアンリッチスタイル、
山岳リゾートのロッジスタイル、
南国のビーチリゾートスタイル
日本の古民家スタイル……、
好きなタイプの部屋を自由に選べる。
どの部屋も最高の意匠が施され、この上なく快適。
空間からもインスピレーションを受けられる。

部屋には飲むだけで幸せな気分に浸れる、
見たこともないような飲み物がたくさんあって、
好きな時に好きなだけ飲むことができる。
料理はこちらの心と体をスキャンできる天才シェフが、
その時のその人に一番合った最高の料理を提供してくれる。

このホテルの会員は、世界的に人を幸せにすることに大きく貢献している人ばかり。
これらのサービスを、会員はすべて無料で受けられる。
実は、心ある世界的億万長者が、
彼らにさらに人々の幸せに貢献してもらうために、秘かに資金提供しているのだ。
私はリゾートアイランドスタイルのこの部屋で、
ゆったりとした、ぬめるような白い革張りのカウチソファに横になりながら、
遊んでいるだけで解放される光の遊園地構想を練っている。
高台にあるこの部屋からは、透き通ったサファイアブルーの海を見渡せる。
シルクのような泡立ちのピンクのシャンパンを飲みながら海を見ていたら、
素晴らしいアトラクションが思い浮かんだ。
これはきっとアトラクションの目玉になるに違いない。
虹の根元に突進し、七色の光のスパークを浴びてワープするジェットコースター。
このコースターに乗ったら、これまでのどんな心の傷も癒やされ、
純粋な歓びのままに生きられるようになる。これはきっと世界中の人が歓ぶだろう……。
ああ楽しみだ♪　誰よりもこの私自身が楽しみでたまらない。

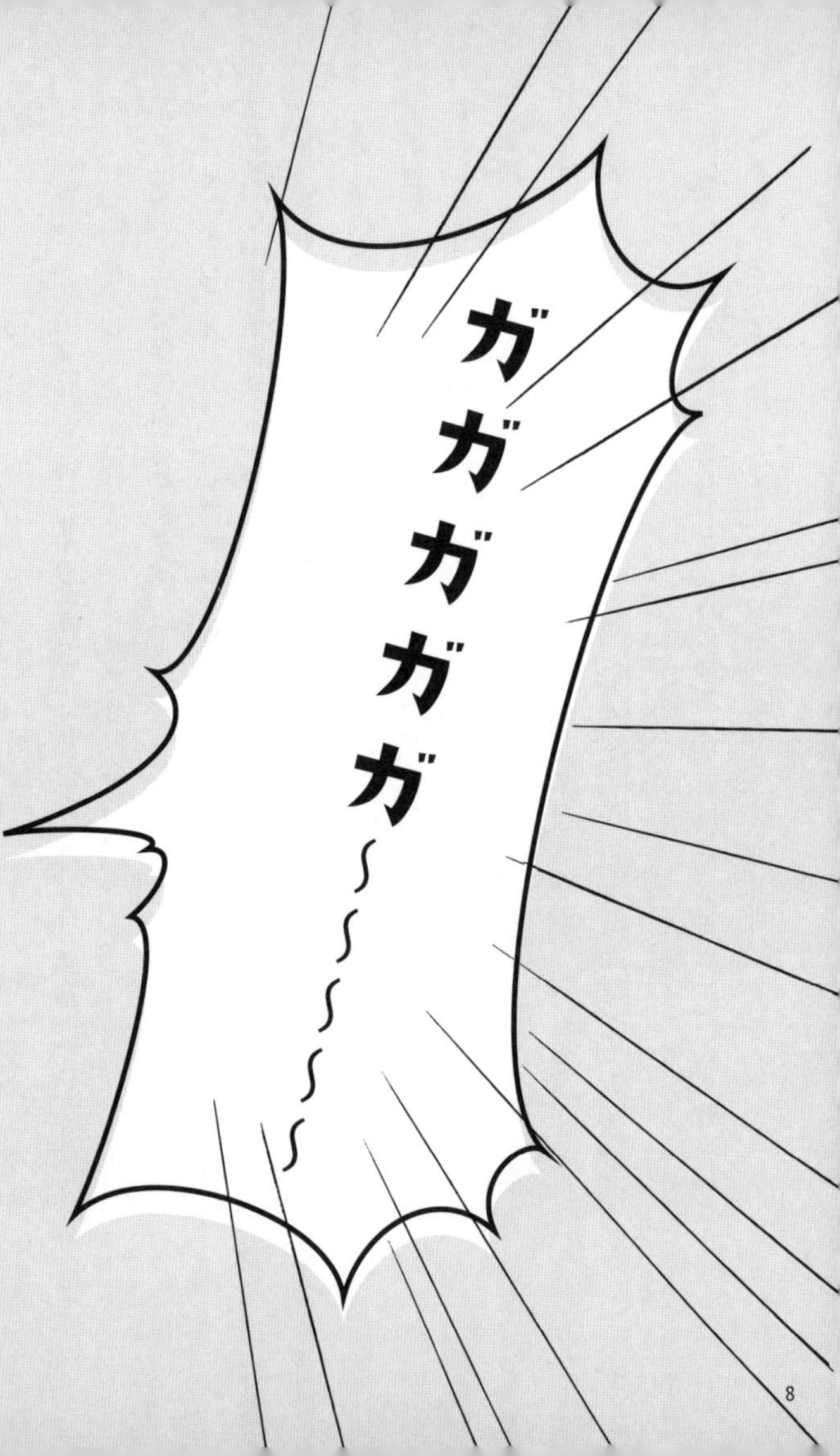
ガガガガガ

なんなのよ！　一体！
改装工事なら後でやってよ、もう……
えっ？
何？
ここはどこ？
なんだよ！

夢かよっ！

それにしてもうるさいなあ。いくら寝坊だからってさあ、
道路工事の掘削ドリルの音を目覚ましに使わなくたってよかったよな。
ああもう、そんなこと言ってる場合じゃないよ。
さっさと起きて支度しないと。

――そして今日も、この物語の主人公、並子の一日が始まるのであった。

朝ご飯もそこそこに、満員電車に揺られて、下町の古いビルの一室へ。
あまり好きになれないうだつの上がらない上司の下、
伝票処理と電話応対とお茶くみの日々。
思ったことが全部顔に出てしまう性分ゆえ、上司にはお世辞も言えない。
これでも本人は真面目に仕事をしているつもり。
けれども、なんだかいかにもくすぶってますと言わんばかりの仏頂面《ぶっちょうづら》で、
上司にも同僚にもウケがよくない。

せめて人並みの人間になってほしいという
願いを込めて親につけられた並子という名前だけれど、
名前負けしてんじゃないの？って
自分でツッコミを入れたくなるほど、
なんだか並以下に思えるパッとしない日々だ。

――帰宅して、化粧を落とそうと鏡の前に立っている並子。

並子

あ〜あ、私は一体何やってるんだろう。
40過ぎて未婚。彼氏もいない。
いまだに契約社員で、まとまった貯金もない。
自分が何をやりたいのかもわからない。
大した特技も才能もナシ。
最近おなかも出てきてファッションも決まらない。

資格を取ろうと通信講座に申し込んだりしたけど、全然進まない。
一緒にパーティしたり、海外旅行に行ったりする友達もいない。
なのに、やたらと正義感だけは強くって、
昨日も会議で軽く意見したら煙たがられて、なんだか居心地も悪い。

私に居場所ってあるのかな？
私はなんのために生まれてきたんだろう？
こんな人生なら、もう天にお返ししたいよ。

それなのに一体なんなんだよ！
今朝の夢は!!
どうしてあんなとんでもない超絶成功者の夢なんて見られるんだか（笑）。

あの夢の中の私のように、
たくさんの人を幸せにできる力が私にもあるっていうなら、
見せてもらいたいもんだよな。
まったく！

猫の神様 もしもし、わしを呼んだかニャ？

並子 だ、だ、だ、だ、だ、誰なんだよ！

猫の神様 あんたは今、夢の中の自分のように、たくさんの人を幸せにして、大成功できるような力が自分にもあるなら、見せてほしいって言ったニャろ。

並子 ええまあ。そう言いましたけど。何も化け猫に出てこいと言った覚えはありませんけど！

猫の神様 化け猫じゃないっちゅうの！ あのね、言っとくけど、ただの猫じゃないから。神様だから。これでもエジプトのほうではバステトって呼ばれて結構崇《あが》められてるんだぞ。今回は特別にあんたのために出てきてやったっちゅうのに、ひどい言い方だニャ！

並子 はあ？ そうなんですか。全然気づきませんでした。それはそれは、はるばるエジプトから安アパートにようこそ。で、一体なんの用ですか？

猫の神様 まあ、そうイラつかんで。

あんた、覚えてる？　小学校3年生のとき、道で段ボール箱に入って捨てられていた子猫たちを助けてくれたことがあったニャろ。

あの子猫たちは衰弱していて、ミルクも飲めんかった。その子たちをあんたは近所の動物病院まで連れていって、なんとかしようとしてくれた。先生もあんたの純真な目を見て、無料でケアをしてくれて、元気になるまで面倒を見て、ちゃんと里親まで探してくれた。いい先生だったよニャあ（涙）。

並子 あ〜〜〜！　思い出した！　本当は家で飼いたかったんだけど、うちのアパートはペット禁止だし、お母さんが猫嫌いだったから飼えなかったんだ。だから毎日先生のところに見に行って、学校の友達にも飼ってくれるようにお願いしたりしたんだよね。

猫の神様 あんたは、やさしい子だよ、本当に。いつかそのお礼がしたいと思って、タイミングを見計らってたんだけど、やっとその日が来たってわけニャン。

並子 ちょ、ちょ、ちょっとお〜〜〜〜。遅すぎじゃないですか？　私もう40過ぎてるどころか、四捨五入すると50なんですけどお。なんでまた30年以上もたってから出てくるんですか？　せめて20代前半に出てきてほしかったよなあ。もうすでに手遅れ気味なんですけど。

猫の神様　あのね。早く出てくればいいってもんじゃないから。神様にも登場するべきタイミングってものがあるんニャ。

人間には必要な経験というものがある。運が向いてきたときに、その経験が幸運を活かすベースになるんニャ。そこを通過せずに、なんでも神様が代わりにやっちゃったんじゃあダメ神様になっちまう。これがわしくらいになってくると、そのあたりのこともちゃんとわきまえてるからすごいわけ。あんたもわしでラッキーだったと思うことニャ。

まあ、その辺は置いといて、あんたに紹介したい人がいるんニャ。

並子　えええ？　まだ他になんか出てくるの？　化け猫だけでもすでに手いっぱいだっていうのに、次は猫娘でも出てくるんですか？

猫の神様　そんなもん出すかっ！　まだ信用しとらんようじゃニャ。

こんなことしてもらえる人はそうそういないぞ。あんた、夢の中でもう一人の超絶幸せな自分を見たろう。あの人に出てきてもらって、どうしたらあんなふうに人生を楽しく豊かに生きられ、たくさんの人を幸せにできるのか、教えてもらうんニャ。

並子 そ、そんな人なんて、本当にいるんですか？

猫の神様 ああ、もちろん。パラレルワールドって聞いたことがあるか？ **違う時空にあらゆる可能性の分だけ、自分の分身がいて、別の人生を生きている。**

だから、あの夢の中のように、最高に満ち足りた人生を送っているあんただって存在しているってことニャ。

実はあんた方人間はすでに違う自分に何度もシフトしているんだぞ。

大きく意識が変わるような衝撃的な体験をした後、価値観が変わって、そこから人生が変わることってあるだろう。それ以来、それまで出会ったことのないような人にたくさん出会うようになったり、今までしたこともないような仕事をするようになったり、生活環境まで激変したりすることがあるが、あれが**シフトとい**

うもので、別の時空にある人生に代わっているんニャ。どう考えても昔の自分の延長線ではありえないことが起こったりするのは、そのせいなんニャ。

だから今回は特別に、あんたへの恩返しとして、別の時空にいるもう一人の自分に会わせてあげることにしたんニャ。

もう一人の自分から、本当に幸せになるには、どうすればいいのかをしっかり教わるんだぞ。

もう一人の自分は、肉体的に目の前に現れはしないけど、こうして鏡を見ているときには、鏡の中にその姿を現す。だけどその姿はあんたにしか見えない。でも、鏡がないときでも、心の中で語りかければ、きっと答えてくれるはずニャン。

これは1年間の期間限定特別出血大サービスだからな。

この機会を無駄にせんことニャ。わかったか？

並子　ちょっと待って、心の準備をするから。

猫の神様　心の準備も何も、覚悟を決めて。自分を信じて、自分の持っている力をどこまでも発揮するって決めることニャ！　幸せになることを怖がってどうする！

人間は不幸慣れしてしまうと、今度は幸せになることを恐れる。

もう一人の自分が教えてくれる幸せは、モノをたくさん持てるようになる薄っぺらい幸せじゃない。

消えてなくなることのない、揺るぎない本物の幸せニャ。

心から満たされて、生きてるすべての瞬間が、宝石のように美しいって感じられるようになる幸せなんだぞ。心して臨むニャ。

1年後にもう一度あんたの前に現れるから、それまでしっかりやるんだぞ。

それじゃ。

並子

……………。

どうしよう。猫の神様が消えちゃった。

……………。

そうね。幸せになることを、私、怖がっていたかもしれない。

私なんかが幸せになったところで、すぐに誰かに奪われて、逆に大きな失望を味わわなきゃいけなくなるに決まってるって思ってた。幸せになりたいって言いながら、自分から幸せになることを拒絶してたのかもしれないな。幸せになる覚悟を決めよう！　もう一人の自分が私にどんなことを言ってくるのか、正直不安がないわけじゃないけど……。

でもこの際どんなことでもトライしてみよう。

猫の神様が言っていた通り、こんなことなかなか体験できることじゃないし。

ええいもう、どうなってもいいや。

今さらどうなろうと、やるだけやってやる〜〜〜〜！

成実子　こんにちは。お会いしたかったわ。あなたいい顔してるわねえ。その意気込みすごくいいわ。

並子　ビックリした〜〜〜！　あなたが……私が夢の中で見た、もう一人の私？　突然すぎて心臓に悪いんだよ、もう。

成実子　そうよ。会えて本当によかった。私は成実子《なみこ》。成し遂げるの「成」に、実現の「実」と書いて成実子よ。同じ「なみこ」でも、意味が全然違う。

並子　分身なのに、同じ字じゃないんだね。

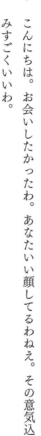

成実子　自分で別の字に改名したの。私は自分の可能性をどこまでも開いてみたいと思った。だからみんなと同じ並の人生に甘んじるんじゃなくて、行けるところまで行って、どんな景色が見えるのか、見てみようって決めたの。

つまり、自分の力を信じて、最高の人生を現実化しようって決めたってこと。だからそれにふさわしい名前に変えて、気分一新したの。

今のあなたも、昔の私と同じように、自分の可能性に懸けようとしている。

さすが私の分身だけのことはあるわね。

並子　なんだかすごく怖い気もするけど、私には守るものなんて何もないし、覚悟を決めたから、よろしくお願いします。

成実子　私ね、もし時空を自由に行き来できるなら、人生がうまくいってなくて、悲しい思いやさびしい思いをしているもう一人の自分に会って、どうすれば本当に幸せになれるのか教えたいって何度も思ったことがあるの。

そしたら、こんな不思議なことが起こった！

だからこれは、私にとっても想像を超えるチャンスなの。

1年間の期間限定だけど、私が知っているすべてをあなたに伝えるから、しっかりモノにして。

それとあなたの価値観を変える様々な幸せになる7つ道具を用意しているから、楽しみにしてて。ただし、その幸せになる道具に依存するんじゃなくて、自らそういう意識を持とうと決意してね。そうすれば、その幸せになる道具をあなたの潜在意識に浸透させられるから。

それに関しては実際に幸せになる道具を使う段階になったら、詳しく教えるわね。

それじゃ準備はいい？

並子　ええ。もちろんよ。一つ残らずしっかり学んで、私も見たことのない景色を絶対に見てやる！

成実子　いいわねえ。その調子。それじゃあ始めるわね。

この物語の主な登場人物

並子

真面目な性格だが、人生に行き詰まりを感じているアラフォー女性（独身）。もう一人の自分・成実子と出会い、人生を代える決意をする。

成実子

成功を収め、人を幸せにする活動を行っているアラフォー女性。もう一人の自分・並子を幸せにするため、時空を超えて並子の前に現れる。

真一

自称・万年平社員。自然体で振る舞う性格のため、誰からも好かれる。さとこに好意を持たれるが、並子に惹かれている。

さとこ

並子と同じ会社に勤める年下の同僚。意地悪な性格だが、実はこの世に生まれる前、並子とは……。

猫の神様

小さい頃、子猫たちを助けた並子に恩返しをするために現れた神様。エジプトの方ではバステトと呼ばれているらしい。その正体は……。

CONTENTS

CHAPTER 4 どんな感情を抱いても その奥にある真実に気づけば幸せになれる

CHAPTER 7 体の無限の叡智につながれば いつでもベストコンディションでいられる

CHAPTER 8 どんな親であろうと魂は無傷 いくらでも幸せになれる

CHAPTER 9

進化はどこまでも続く

CHAPTER

1

最高の人生に代わるための4つのポイント

何を思うかが、何を体験するかを決める

成実子　今あなたが見ているこの鏡。そして、それを見ているあなた。

この2つはまったく別々のものだと思っているでしょ。でも本当はそうじゃない。形は違っても、どちらも特有の振動をしている波動でできたものなの。**すべてのものは極論すると波動でできている**のよ。

これは物理的に形を持っているものだけじゃないわ。

感情や意志のような精神的なものも独自の波動で振動している。

もしもあなたが「自分なんてどうせこの程度のもんだ」って思ったとするわね。

そしたらこの宇宙に向かって、「私はどうせこの程度」っていう波動が発信される。

毎日毎日そんなことばかり思っていたとしたら、その波動に同調したものが集まり固まり、現象化していく。

せっかく一生懸命やっても、正直者がバカを見るみたいな結果になりがちなの

は、そのせいなのよ。**つまり、何を思うかが、何を体験するかを決めている**ということなの。

並子

えっ、そうだったの？　知らなかったよ。なんか私、いつもいじけて、どうせ私の人生なんてこの程度のもんでしょうよって思っていた気がする。だから思った通り、パッとしなかったのか……。

成実子

大丈夫よ。いつからだって転換できるわよ。だからまず、すべてが波動でできているってことをしっかり理解すること。

もちろん「どうせ私なんて」って言うよりは、「私にもできる」って口に出したほうが何倍もいいのは事実。だけどね、**本質的に**

は何を口に出すかじゃないのよ。**何を「本心で」思っているか**なのよ。**口では「私にもできる」って言っていても、本心では「私なんてどうせこの程度」って思っていたりする。すると宇宙にはやっぱり「私なんてどうせこの程度」っていう波動が発信されてしまう。**

人間は自分の弱気な本心を知ることを怖がって抑圧しがち。それで自分のことをどう思っているのかがわからなくなってしまっていることも多いの。

だから私と約束してほしい。私の前では全然カッコつけないって。

あなたがどんなに弱気になろうと、自信を失いそうになろうと、イライラしようと、情けなかろうと、私は絶対にあなたの味方だから。あなたを絶対に見放さないから、どんなあなたであっても隠さずオープンにしてね。

そしてあなた自身も、自分が何を思い、どっちに気持ちが向いているかを常に意識して。それと同時に自分の本当の気持ちにも寄り添うようにしてね。

もしも**あなたにその気があるなら、いつからでもその波動をチェンジすることが可能になる。でもチェンジするには、本心をちゃんと知っている必要がある**の。

これはすべてのベースになることだから、しっかり覚えていてね。

並子

わかったわ。私には今まで本当に味方だって思えるような人なんて誰もいなかった気がする。だから自分の本当の気持ちを表に出すこともできなかった。人を失望させるのが怖くって、なぜかすごく強がって、頑張ってきた。

でも今やっと、どんな私でも理解して、受け止めてくれる人が現れて、なんだか自分に正直になれそうだよ。本当にありがとう。

成実子

あなたの気持ちよくわかるわ。弱みを見せないように強がっていないと、折れちゃいそうで怖かったのよね。私もあなたと同じ道を通ってきたからわかるわ。

今は私があなたにとって最大の理解者かもしれない。でもね、そのうちあなた自身があなたの最大の理解者であり応援者になるから。

そして**あなたがあなたの本当の味方になれたら、その波動が宇宙にも発信されて、あなたを応援してくれたり、理解してくれたりする人も集まってくるようになる**のよ。

私はどんなときもあなたを応援するけど、あなた自身もあなたの最大の理解者であり応援者になってあげてね。

並子　うん、ありがとう。これから自分が何を感じているのか、何を本心では思っているのか、ちゃんと聞いてあげるようにする。それを思っただけで、ハートが熱くなってくる。この感じ、一体何なんだろう。なんだかすごくあったかくって、ほっとして、落ち着く。

愛の波動を活用する

成実子　それが愛の波動よ。

並子　えっ？　これが愛なの？　愛ってさあ、もっと情熱的で、夢見心地で、めくるめくものかと思ってたけど、そうじゃないの？

成実子　それはたぶん恋の波動ね。誰かに恋い焦がれているときは、そんな気分になることもあると思う。でも愛はもっと心地いいもので、穏やかで、それでいてとても深いものなのよ。

あなたがさっき、これからは自分の気持ちをちゃんと聞いてあげようって思ったときに、あなたの胸を温かくしたもの。それが愛の波動よ。自分を愛するとは、どんな自分でも丸ごと受け止めようとすることなの。

この愛の波動に意識的に合わせるようにすることが大事よ。

私たちの肉体は両親から生み出されたけれど、私たちの魂は創造の源である宇宙から生み出されたの。宇宙はすべてのものを生み出した無限なるもの。その宇宙が一体どんな波動でできているかというと、愛や歓びが極まった至福の波動でできているの。この波動が最も高い波動なの。

つまり、意識的に愛の波動に合わせると、宇宙の波動と同調するようになる。すると、三次元上のあなたの人生にも、宇宙の持つ無限性が現象化するようになるってことなの。

だから、いちいち願い事なんてしなくても、宇宙が先回りして、必要なものをどんどん与えてくれるようになる。これが宇宙の法則よ。

だから、毎日どんな自分に対しても「愛しているよ」とか、「どんなときも私は

波動が高い状態		波動が低い状態
愛	⟷	憎しみ・嫉妬・裏切り
歓び	⟷	自己憐憫
至福	⟷	不幸
真理への気づき	⟷	エゴに支配されている
情熱	⟷	焦燥
夢中	⟷	つまらない
慈悲	⟷	批判・攻撃
許し	⟷	自責
癒し	⟷	消耗
快適	⟷	不快
無心	⟷	思考で頭がいっぱい
すべて在るという認識	⟷	足りないものだらけ
自己受容（どんな自分でも許し受け入れている状態）	⟷	自己否定（理想通りでない自分を受け入れない、認めない状態）

※これらの波動の高低は、波動の善し悪しととらえないでください。波動の低い状態も悪い状態というわけではありません。ただ単に、宇宙の波動からずれている状態なだけです。その点、誤解のないように。宇宙の波動からずれていたとしても、これから本文の中でお伝えするように、そこから貴重な学びを得ることができます。
あくまでも自分の波動がどういう状態なのか、それに気づいてさえいれば大丈夫です。

並子

味方だよって」って言ってあげるの。
すると心が愛で満たされて、あなたの発する波動も宇宙と同じ愛の波動になっていく。

それに愛の波動でいると、やっぱり気持ちいいのよ。気分もよくなる。気分がいいから、気分のいいことが現実化する。もういいことだらけでしょ？

そうか……。今まであまり意識したことはなかったけど、私、ことあるごとに自分のことを責めていた気がする。資格を取ろうと思って通信講座を始めても、続かないと「まったく何やったって中途半端！　これだからいつまでたってもダメなんだよ！」って叱りつけていた。

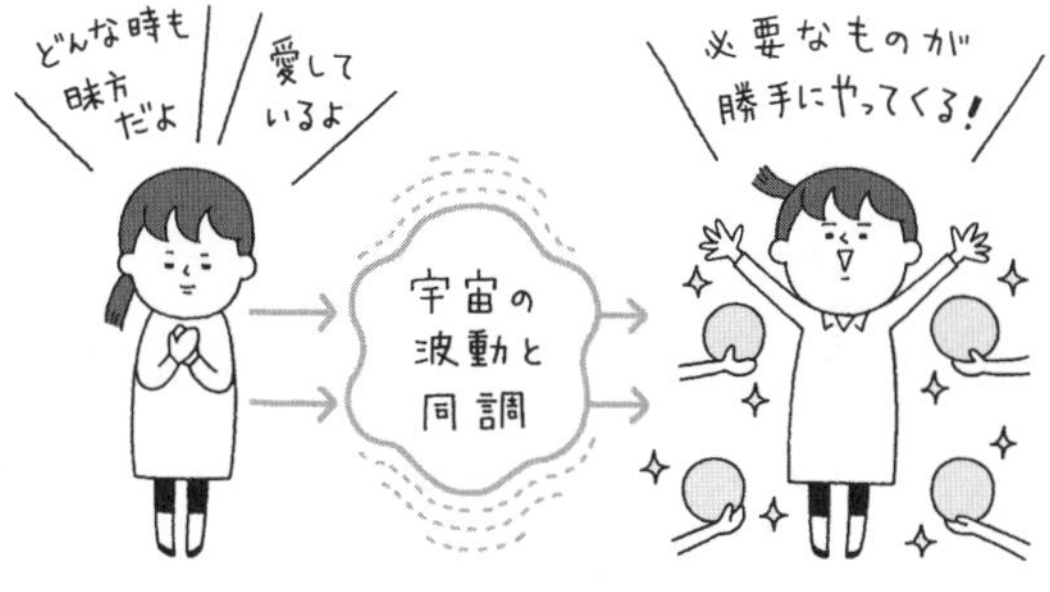
どんな時も味方だよ
愛しているよ
宇宙の波動と同調
必要なものが勝手にやってくる！

確かにそうやって自分を叱りつけると、愛の波動に包まれるどころか、ガッカリして悲しくなって、やりきれなくなってきて、宇宙の波動からかけ離れた波動になっていた気がするよ。

でもさ、始めたことをちゃんと続けない自分を許してしまったら、自分を甘やかしてダメな人間に堕落させてしまわないの？

なんだかそれが心配な気がするんだけど。

成実子

いい質問だわ。そうやって正直に自分の気持ちを言ってくれてうれしいわ。

私たちは子どもの頃から「努力努力」って言われてきた。努力して、できないことができるようになることが、人間としての成長だと教育されてきたところがあるのよ。

何か自分の成し遂げたいことがあって、それに向かって自分の力を高めていくことは少しも悪いことじゃない。

その**行動の起点が愛や歓びなら、なんの問題もない**の。一戸建ての快適な家に住んで、生活を楽しめるようになりたい。そのために「楽しみながら」節約したり、貯金したりしても、別に波動が低くなるようなことにはならない。

でもね、時として本当は自分のやりたくないことを、世間一般の価値観に適合させるために無理にやろうとしている場合もあるでしょ。あなたの資格取得だって、そうだったんじゃない。

その背後には、世間一般の価値観に適合していない自分なんて、ダメだっていう自己否定がある。

その場合の起点は愛と歓びなんかじゃない。**焦りと恐れよ。焦りと恐れが起点になっていたら、発する波動は焦りと恐れになってしまう。**そうなったらどうなると思う？

並子 焦りと恐れの波動を発したら……。
ええと……、焦りと恐れが現象化するから……、人と比べて自分がみじめに思えるようなことが現実化するってこと？

成実子 素晴らしい！ その通りよ。だんだん波動のことがわかってきたみたいね。なかなか筋がいいわよ。

それだけじゃないわ。本当はやりたくないことを無理にやってみても、当然やる気にならないから、はかどらなくなるでしょ。はかどらなくなると、そういう自分をまた「ダメじゃないか」って責めるから、ますます自己否定が強くなってしまう。

真面目で努力家で、頑張ってきた人ほど、こういう傾向がある。あなたもそうだったように、自分をダメだって責めるから、「私はダメな人間です」っていう波動が発信される。そうなったらどうなると思う？

並子　はあ〜〜〜(深いため息)。ダメな自分がますます現実化する……。

成実子　その通りよ。つまり、**自分を責めてお尻を叩き続けることは、逆効果になる**ってこと。そんなことをするより愛の波動に合わせたほうがよっぽどうまくいく。**どんな自分でも愛したほうが、その愛の波動があなたの人生を、宇宙の無限性を現象化する方向に導いていく**から。

並子　なるほど。そういうことかあ。だったらいくら愛したって大丈夫だね。

成実子　そうよ。まず自分をしっかり愛する。あなただって今日まで必死に生きてきたじゃない。立派なもんよ。その自分を自分が愛さなくて誰が愛するの。

人にやたらと腹を立てている人って、実は自分のことを愛せない人なのよ。とんでもなく高い理想像があって、それに少しも自分が届いていないから、イヤでしょうがない。そうなるとそんな波動が人にも投影されるから、人のことを見ても、ここができていない、あそこがダメだってイライラしてしまうのよ。

でもね、**どんな自分でも愛せるようになってくると、人のことも許せるようになるし、周りにも心の温かい人や、やさしい人が増えてくる。それは愛の波動が愛のある世界を作り出すから**なの。

だから、**意識的に愛の波動に合わせるために、たとえば、ホテルのレストランのトイレを使ったときに、洗面台に飛び散っている水を、手をふいたペーパータオルでふいておいたり、エレベーターに乗ったときも、ボタンの近くにいたら、みんなが出るまで開くボタンを押してあげたり、ちょっとした親切を習慣化する**の。

そうすれば、ますます愛のある世界が現実化し、人にも恵まれ、ツイてる人生になっていく。

だけど開運を期待してやるっていうことではないのよ。
愛の波動に合わせていたほうが自分も人も気持ちいい。だからそうするっていうくらいの気楽なスタンスでやってみて。

並子

そうなの？　私なんてさ、いつも遅刻ギリギリの出勤だったから、職場のエレベーターなんて、人を押しのけてでも先に出ようとしてたな。まっ、そういう私も愛しますよ、これからは（笑）。

成実子

そうね。そういう並子さんもかわいいっちゃあかわいいけどね。
人生がうまくいっていないと、人にやさしくする余裕もなくなったりする。でも本当はそういうときこそ、小さな親切をしたほうがいいのよ。まあ無理することもないけど、どんな自分でも愛するって決めて、しっかり愛するようになってくると、人にやさしくしたいと思えるようになってくるから。
そしたら、さりげなくできることからでいいからやってみると、誰よりも自分自身が気分よくなって、波動も高くなるから、一石二鳥よ。

並子

は～～～い。今度やってみま～～～す。

宇宙の邪魔をしない

成実子

さっき、すべてを生み出した無限なる宇宙の波動は、愛と歓びが極まった波動だって言ったでしょ。そんな**宇宙から生み出された私たちも、本質的には宇宙と同じ無限で至福そのものの存在**なのよ。

でもね、**私たちはそれがどんなに素晴らしいものなのかを体験するために、一度そのことを忘れることにした**の。

そして**様々な人間体験を通して、肉体を持ちながらも、もう一度無限で至福そのものだったということを思い出すことにした**の。

だから、その真実を思い出すまでは、私たち人間は、自分には足りないところがあって、その足りないものが手に入らない限り幸せになれないと勘違いしたりする。そしてお金やパートナーや名声などを必死になって追い求める。それが逆効果になっているとも知らずにね……。

並子

ええ？　それを求めちゃいけないの？　私が今あなたから学ぼうとしているのも、ちゃんと学んだら、そういうものが手に入るようになると思うからやってるんだよ。

成実子

今のあなたの正直な気持ちが、お金もパートナーも欲しいという気持ちなら、それでいいのよ。それがいけないというわけじゃない。

宇宙も私も、あなたに最高に幸せになってもらいたいと思っているわ。

いくらでも受け取ってほしいし、それをいけないことだと言ってるわけではないの。

ただ、**最高に幸せになるためには、何かを追い求めるより、無限なる宇宙と波動を同調させたほうが早いの。自分に欠けていると思っているものを、頑張って手に入れようとすると、ものすごく遠回りすることになる。**

並子

どういう意味？　頑張らなくてもいいってこと？　よくわからないよ。私は自分の頑張りが足りなかったから、幸せになれないと思ってきたのに。

成実子

最初に波動の話をしたのを覚えてる？

何を思い、何に意識を向けるかによって、何を体験するかが決まるっていう話をしたわよね。

並子

自分にはお金が足りない。だからダメなんだ。なんとしてもお金を手に入れなきゃって頑張っている人の波動はどういう波動？

お金が足りないってことに意識が集中しているから、お金が足りないことがますます現実化してしまう……。

そうか！　そういうことか！

何かを手に入れない限り幸せになれないって思ったら、その欲しいものが手に入るどころか、意識を向けている「手に入っていない状態」のほうが現実化してしまうんだ！

成実子

素晴らしいわ。理解が早い。さすが私の分身。

波動の点から考えても、何かに執着して、どうしても手に入れなきゃって焦れば焦るほど、逆効果であることは理解できるわよね。

でもね、それだけじゃないの。**その執着が、宇宙の邪魔をしていることにもなる**

のよ。

並子

宇宙の邪魔って、どういうこと？　なんで邪魔していることになるの？

だって宇宙は私に最高に幸せになってほしいんでしょ。だったら、どんどん与えてくれたらいいのに。

成実子

そうよ。宇宙はあなたにいくらでも与えたいと思っている。

宇宙は私たち人間が束になってかかってもできないようなことをまばたきするよりカンタンにやってしまう。それにすべての創造の源でもあるから、あなたのこともあなた自身よりもよく知っている。

どうすればこの人の力が最大限発揮されて、最高に幸せになるのか、すべてお見通しなの。そしてそのために必要な経験をさせたり、必要な人と出会わせたりすることもできる。

もうね、人間と比べること自体がナンセンスなほどの無限の力を持っているわ。

並子

だからさあ、その力を思いっきり発揮していただいてまったく問題ないんですけど。なんでそうならないかなあ？　宇宙ってへそ曲がりなの？

成実子　**人間には自由意志というものが授けられた**のよ。自分で体験して、自分の意志で選んで、人生を動かしていく力を与えられたってこと。もしこれがないなら、無限性も至福も、自分のこととして感じることはできないわ。

まるでロボットみたいに宇宙に動かされているだけ。

だから、自分で選んで決める自由意志を与えられたの。**「お金がない、お金がない。だから不幸だ」って思ったら、「私はお金がない」に意識が集中するから、宇宙には「私はお金がない」っていう波動が発信される。これはつまり、自分の意志でお金のない私を選択しているのと同じになる。**

だから、宇宙がいくらあなたに与えたいって思ったって、与えられなくなるの。

それを宇宙の邪魔をしているって表現したのよ。

並子　今、恐ろしいことに気づいたんだけど……。じゃあさ、私、意志なんて持ったがためにかえってロクでもないことになっていたってことじゃない。

成実子　意志は素晴らしい力よ。私たちはそれこそ何を思うかを選べるのよ。それがこの人間ゲームの最高に面白いところであり、攻略ポイントでもあるのよ。**要は、**

その意志を、「足りない」「自分なんてダメ」「うまくいかない」っていうところから、「すべてある」「私は素晴らしい」「ちゃんとうまくいく」に切り替えればいいだけ。別な言い方をすると、そっちの波動に合わせていれば、後のことは宇宙が勝手にやってくれる。

並子　宇宙が勝手にやってくれるってことがあるの？
本当に宇宙の好きにさせちゃっていいの？
私はできたら、自分の思い通りにしたいんだけど。

成実子　ねえねえ。今こうして私と対話できるようになるなんて、想像した？

最高に幸せで成功しているもう一人の自分から、どうしたらそうなれるのか直《じか》に話を聞けるようになるなんて想像すらしなかったでしょ。

でも宇宙には、そんな想像を超えることを起こす力がある。

すべてを知り尽くし、すべてを動かし、時にはこうして時空すら移動させることもできる。そんなすごいものなんて他にないでしょ。

並子

確かに、そう言われりゃそうだ。

今でもまだ信じられないよ。もしかして夢見てるんじゃないかって気もするくらいだよ。

成実子

つまりね、**私たちは自分の意志がどっちに向いているのかによく注意し、自分の意志で、幸せになる方向に向き続ければいい**の。そして、**後のことは宇宙におまかせしてしまったほうが、思い通りなんて軽く超えた、想像以上の展開をもたらしてくれる**っていうこと。**それを思い通りにしようと頑張りだすと、さっきも言ったように宇宙の邪魔をしてしまうことになる**のよ。

これってねえ、よくわかっていない人が本当に多い。

自分がなんでもコントロールする思い通りの人生こそが最高の人生だと思っている。そうじゃないのよね。

何が自分にとっての幸せかわかっていない状態で、人から刷り込まれた価値観で生きている人も実は珍しくないの。もしもそんな人の人生が、自分の思い通りの人生になったとしても、それが決して幸せにはならないのよ。

でも**宇宙は何がその人にとっての最高の幸せか知っている。そしてそこに向かって導くことができるのも宇宙だけ**なのよ。

並子　まだ不安だよ。そんな宇宙なんていう得体の知れないもんにおまかせしちゃっていいものなのかな？

成実子　私も最初はなんでも自分の思い通りにしようとしていた。そしてあなたのように努力して、成功者と言われる人の条件を揃えることが幸せなんだと思い込んでいたの。だけどね、ちっともうまくいかなかった。

むしろうまくいかないことのほうが現実化していった。そして頑張りすぎて体を壊して入院し、その当時やっていた仕事を辞めざるをえないところまで追い込まれたの。

並子　えええええ？　成実子さんにもそんな時代があったの？

成実子　そうよ。私は真面目人間だったし、自分にとても厳しい完璧主義の人間だった。
だからちゃんとやらない自分が大嫌いだった。努力を続けられない自分のことをあなた以上に厳しく非難していた。
だけど、ちっとも幸せになれない。これじゃダメなんだって、それまでの苦しい生き方をやめることにしたの。
もういい。自分の好きに生きる。こういう人間にならない限りダメだっていう理想も捨てる。自分が本当にやりたいことだけして生きる。後のことはどうなろうと知るか！　宇宙の好きにしてくれって開き直ったのよ。

並子　すごいなあ、その思い切り。でも、そのくらいどうにもならなくなってたってことなんだね。
私も似たような状況だけど、なんだか身につまされるなあ。

成実子　ところがね、どうなろうと知るかって、ある意味宇宙におまかせできるようになったら、逆に宇宙の持っている無限の力が働きだしたのよ。

今まであんなに頑張って、あんなに努力しても全然手に入らなかったものが、「どうでもいいや」って放り出した途端に、ウソみたいに次々手に入るようになっていったの。

お金もチャンスも出会いも、自分一人では絶対に起こせないミラクルが起こり始めたの。そしてそれは今も続いているわ。止まらないの。

そのときに気づいたのよ。そうか、宇宙におまかせしたほうが早いんだって。

並子　少しわかってきたよ。宇宙に思いっきり力を発揮してもらえるようにするだけでいいんだね。想像以上の人生のほうが思い通りなんてものよりもっと面白そうだし、ときめく気がしてきた。なんだかすごく楽しみになってきたよ。

潜在意識を活用する

成実子　よかったわ。**宇宙におまかせすることが上手にできるようになってくると、それ**

までは階段を一段一段上がっていたような状態が、突然エスカレーターに変わるようになり、次の段階が来ると今度は一気にエレベーターで運ばれるようになり、もっと進化すると一瞬にして時空をシフトするくらい加速するようになる。

そのくらい宇宙はすごい。そんな極意をあなたに伝えられて、私もとってもうれしいわ。

並子 私だって楽しみでしょうがなくなってきたよ。

成実子 その極意を潜在意識にまで浸透させるために、幸せになる道具を用意したわ。

並子 何？　その潜在意識に浸透させる幸せになる道具って？
宇宙人がＵＦＯの中で人間にチップを埋め込むようなことをしているっていう話を聞いたことがあるけど、そんなことするんじゃないでしょうね？
その場合、私の自由意志を発動してお断りするわよ。

成実子 もちろん、断りたかったら断ったっていいわ。それもあなたの自由よ。
でも私が生きている時空の世界では、潜在意識を活用することが当たり前に行われている。

あなたも聞いたことがあると思うけど、**顕在意識は氷山の一角。それに対して潜在意識は巨大な氷山そのものくらい大きな領域を占めている**のよ。

つまり、それだけ**巨大な潜在意識を味方につければ、宇宙に発信する波動も大きくて確かなものになる**ということ。

あなたには特別に、その幸せになる道具の威力を実際に体験してもらおうと思うの。そして幸せになる道具を使いながら、どこに意識を向ければいいのかをしっかり学んでほしいの。もししっかり学ぶことができたなら、あなたさえよければ、その感覚を忘れないように、その幸せになる道具をあなたの潜在意識に浸透させることができるわ。

並子

わかったよ。それじゃあ、まず体験してみるね。体験してから、どうするか決める。

でも確かに、潜在意識を味方につけたら強いだろうなあっていうのはわかるよ。

どうなるかわからないけど、成実子さんと宇宙を信じる。

成実子

ありがとう。私はもう一人のあなた自身でもあるのよ。あなたに悪いようなことは絶対にしないわ。それともう一つ、あなた自身のことも信じて。今はまだ、自分がどんなに素晴らしい人なのかわかっていないのかもしれないけど、あなたは本当に素晴らしい人よ。

総論はこのくらいにして、いよいよ明日から幸せになる道具を使って、意識改革していきましょう。それではまた♪

並子

えっ、もう行っちゃうの〜〜〜！　ちょっと待ってよ〜〜〜！

猫の神様の
ニャンポイント
アドバイス

感情との上手な付き合い方の
ポイントをまとめるニャ

ポイント 1

この世はすべて波動でできている。何かを思うとその波動が宇宙に向かって発信され、その波動に見合った現実を作り出すんニャ。自分の発している波動がどういう波動かわかれば、幸せになる愛の波動にチェンジすることもできるのニャ。

ポイント 2

どんな自分でも愛することで、宇宙の愛と歓びが極まった至福の波動と同調し、宇宙の無限性と至福が現象化し、勝手にうまくいくようになっちゃうんニャ。

ポイント 3

お金やパートナーなど、何かが手に入らない限り幸せになれないと思うことは、その手に入っていない状態に意識が集中するから、ますます手に入らない状態を現実化すると心にとめること。超重要ポイントだからニャ〜〜〜。

ポイント 4

顕在意識は氷山の一角。より大きな潜在意識を味方につけると強いんニャ。

宇宙の波動である
愛と歓びの波動に
同調することが
何よりも大切なんだニャ

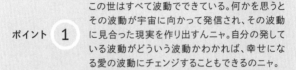

CHAPTER

2

あなたは最高に素晴らしい人それを認めればすべてうまくいく

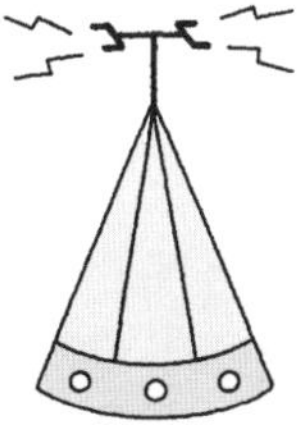

[幸せになる道具・その1]
自分の素晴らしさに気づくセンサー

私、よくやっている！

——並子は朝から張り切っている。これまでとはなんだか張り合いが違う。早速鏡の前に立って成実子を呼び出した。

並子　成実子さん、おはよう。今日からいよいよ幸せになる道具を使うんだよね。めっちゃドキドキなんだけど。一体どんな幸せになる道具？

成実子　おはよう。張り切ってるわね。いい調子よ。どんな道具かっていうとね、ふっふっふ。センサーよ。これを頭のてっぺんにつけるの。

並子　センサー？　何のセンサーなの？　それにしても頭のてっぺんて……。子どもだましのおもちゃみたいじゃない。

成実子　おもちゃなんかじゃないわ。超高性能センサーよ。このセンサーはあなたの素晴らしさをしっかりキャッチして、認識できるようにしてくれるの。きっとあなたの自己認識が変わると思う。

そうそう、センサーを取りつけても、あなたにしか見えないから大丈夫。他の人には見えないし、貸すこともできない。このセンサーは三次元上にあるものじゃないから、天井が低くてもぶつからないし、壊れたりもしない。時空を超えて作用するあなた専用のセンサーなのよ。

これをつけていつも通り過ごしてみて。きっと今までと違うあなたが見えてくると思うわ。

それじゃ、また♪

並子

あれっ！　消えちゃったよ！　ちょっと待ってよ。どうしよう。

それにしても何なのよ。このセンサー。なんか安っちいなあ。

まあいいか。とりあえずつけてみるか。

…………

うん？　ちょっと待って、鏡に映った私の顔。なんだかとっても愛おしい。

どうしたんだろう。前はシワやシミが気になって正視できなかったのに、今日まで一生懸命生きていた人の顔に見える。シワもシミもなんか全部抱きしめてやりたいくらいだよ。

そうか……。私、今日までよくやってきたんだ。ちゃんと生きてきただけでも、すごいことだったんだ。

もっと、自分のこと大切にしてあげなきゃね。今まで慌てて顔洗って、丁寧にケアもしてあげずにきたけど、もっと大事にしよう。洗顔だってゴシゴシこするんじゃなくて、やさしく泡で包み込むように洗ってみよう。

幸せになる道具・その1

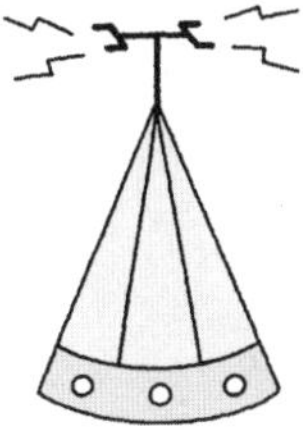

自分の素晴らしさに気づくセンサー

自分の素晴らしさに気づきやすくなる帽子。てっぺんにあるセンサーは宇宙との波動の同調も補助する。かぶるとちょっと食い倒れ人形っぽくなる。

なんだ！　才能も魅力もあるじゃないか

——こうしていつもよりやさしく洗顔し、丁寧にスキンケアして会社に出勤する並子。毒舌の同僚、さとこが出勤してきた。

並子　おはよう。

さとこ　あっ。おはようございまーす。なんか並子さん、いつもと雰囲気が違いますね。

並子　えっ、そう？　もしかして、頭のてっぺんがちょっと違う?!

さとこ　そういえばー、いつも髪に寝グセがついているのに、今日はないですね。

並子　あっ、そうだね。そうかも。（センサーは人に見えてないんだった）

さとこ　そうじゃなくてー。なんか柔らかい雰囲気っていうか。いつも殺気立ってて、ヘタしたら刺されるんじゃないかってくらいのピリついた空気を醸し出してたのに、なんかふんわりしてるー。

並子　何？　殺気立ってた？　まあそうかもしれないわね。確かに今の気分はちょっと違うかな。

さとこ　それにお肌の調子もいい。ツヤツヤしてますよー。

並子　ホント？（これもセンサーの威力なのか？）あっ、ありがとう。（自分の大切さに気づいて、丁寧に洗顔するだけで、お肌まで違ってくるってこと？　こりゃ驚いたな）

——いつも通り、たまっていた伝票処理を始める並子。

並子　うわあ、私ったら何？　仕事できるじゃん。めっちゃテキパキやってる。それに誰にも言われてないのに、処理し終わった伝票をきれいに業者別に整理して、月にどのくらい経費がかかっているかも把握してるよ。そして、どの業者が費用対効果があるのかも、ちゃんとわかってる！ただ機械的に伝票処理するんじゃなくて、この仕事を通してどうすれば会社がもっと利益を上げられるか、提案だってできるんだよね。今まで頼まれた仕事をこなすだけで、それ以上のことなんてしようと思ったこともないのに。なんか自分がデキる人間なんだってわかってきたら、俄然やる気が出てきた。

並子

――そこから費用データをエクセルでまとめ、どの業者を選べばコスト削減につながるか提案書をまとめる並子。その提案書を小バカにしていた部長に持っていってみると、なんと彼は大歓びでベタぼめ。

以前は自分の話なんて聞いてもらえない部長だと思っていたのに、自分に対する見方が変わったら、相手の自分への対応も変わってしまうことに驚いた。

私って、なかなか気が利くし、頭だって悪くない。ちょっと工夫してできることをするだけで、みんな歓んでくれるし、何より私自身が楽しい。

今まで何やってたんだろう。クサクサして、いじけて、自分のことを少しも認めてやらなかった。これからはもっと一生懸命やってる自分を認めていこう。そして自分から楽しく仕事をする工夫をしていこう。

――なんと、そんな並子の仕事ぶりがどんどん評価され、あの部長の推薦で正社員に

並子

登用されることになった。正社員になれば、当然給料も上がる。ボーナスだって、契約社員のときとは比べ物にならないくらいもらえる。

私、勘違いしてたんだな。なんかすごいことしないとダメだって思ってた。そうじゃないんだね。まず、**今まかされていることを、丁寧にやること**なんだね。そして、自分にできる改善提案があれば、楽しみながらやってみればよかったんだ。それに私、自分が思っていた以上にちゃんと真面目に丁寧に仕事をしていた。その**真面目さだって、丁寧さだって才能**だったんだね。

もうどんな自分も仲間外れにしないよ

さとこ

並子さん、最近調子いいですねー。聞きましたよ、正社員に登用されるって。この地味な会社で、契約社員から正社員に登用される人って、今までいなかったんじゃないんですか？　すごいですよねー。

もしかして、結婚して家庭に収まるのをあきらめて、やっぱり仕事で生きていこうって決意したんですかー（笑）？

並子　別に、そういうわけじゃないよ。なんだか仕事の面白さがわかってきたっていうか。毎日楽しくなってきたのは確かかな。

さとこ　そうですかー？　私は全然仕事なんて楽しめませんよ。いつも早く終わらないかなあって思って過ごしてます。
そういえば、この間無理やり一緒に連れてった合コンのとき、並子さんの前に座っていた人覚えてますー？

並子　ああ、真一さんとかいう人？　全然連絡も取ってないけど。

さとこ　あの人が「もう一回合コンやりませんか？」って。でも並子さん、最近仕事に燃えてるから、こういうのはもうやらない感じですかー？
仕事も大事ですけど、男も大事ですよー。並子さん、最近お肌の調子もいいし、いいことあるかも（笑）。今週の金曜の夜なんですけど、どうですかー？

並子　うん、いいよ。そういうのも今はなんかやってもいい気がする。

さとこ　意外にあっさりＯＫで、ちょっとビックリですー。後から詳しいことはお知らせしますから、よろしくお願いしまーす。

――自分のことを認められるようになってきて、人との出会いに対してもオープンになってきた並子。合コンの席でも自然体で話ができるようになり、声をかけてくれた真一とも気が合う感じ。

真一 並子さん、前と雰囲気変わったね。前来たときは、一刻も早く帰りたいって雰囲気だったよ（笑）。なんかバリアがあったっていうか。

並子 そうか。そういうふうに見えていたのね。確かに、合コンて苦手だったから（苦笑）。行きたくないのに、無理やり引っ張り出されて、もうごめんだって思ってた。だいたいみんな若いのに、自分なんて40代で、いかにも数合わせって感じで、いたたまれない気持ちだったのよ。でも今は、なぜかみんなと楽しく会話したりお食事したりできれば、それでいいかなって思うようになった。

真一 どうしてそんなに心境が変化したんだろ？　ぜひ教えてほしいなあ。

並子　それがね、不思議なことがあってね……。私はこの私でいいんじゃないかって思えるようになってきたのよ。自分でも不思議なんだけど。

真一　そういう並子さんと一緒にいると、なんかこっちまで気楽でいられて、すごくいいなあ。ほっとする。

並子　ほっとするだなんて言われたことないわよ。さとこさんになんて、ヘタすると刺されそうな雰囲気だって言われてたのよ。

真一　前は確かにそういう感じがしないこともなかったね（笑）。でも今は、そうじゃない。コタツみたいな感じ。

並子　コタツ？　あんまりほめられてる感じがしないなあ。

真一　いやいや、俺からしたら最大のほめ言葉だよ。**結局一緒にいて楽で、ほっとできて、心温まるような人が一番**だから。

——こうして真一とも連絡を取るようになった。今までこんなことはなかった。なんでも話せる男友達ができて、さらに人生が楽しくなってきた。

さとこ　ところが……。真一さん、聞いてくれるー？　並子さん、いつもツンケンしてて、超感じ悪いの。それなのに、最近調子こいて正社員に登用されることになって、ますますいい気になってるのー。私には会社でもつらく当たってきて。この間なんて給湯室に呼び出されて、叱り飛ばされちゃった。

真一　この間の合コンも、どうしても行きたいって言うから、泣く泣く連れていったんだけど、一人だけ40代で、ホント男性陣にも申し訳なくてー。別に申し訳なくなかったよ。並子さん、前とは雰囲気変わってて、すごく話しやすかったよ。俺はあの人すごくいい人だと思ったけどなあ。連絡も取り合ってるし。

さとこ　ええぇ？　あんなおばさんと連絡取り合って、何が面白いのよー。だまされちゃダメよ。40代独身女なんて、一度男を捕まえたら、死んでも離さないくらいしつこくなるんだからー。要注意よ！

——なんとか並子をギャフンと言わせたいさとこは、策を講じることにした。

さとこ　並子さん、この間真一さんからラインが来たんだけど、真一さんと連絡取り合ってるんですってー？

並子　うん。別に大した会話もしてないけど。まあ世間話程度のやり取りかな。

さとこ　そうですかー。実はちょっと言いにくいんですけどー、真一さん、並子さんがちょっとめんどくさいって言ってきて。合コンでちょっとおだてたら、その気になってラインが来るようになって、引くに引けなくなってるってー。

並子　ええ？　本当？　全然そんな感じには思えなかったけど、直接本人に聞いてみていい？

さとこ　やだー、そんなこと正直に言うわけないじゃないですかー（笑）。もし直接言えるなら、とっくに並子さんに言ってますよ。自分では言えないから私に相談してきたんだと思いますよー。

並子　ふ〜〜ん。なんかいい感じの人だと思ってたけど、裏表がある人だったのかなあ。まあいいや。こっちからは連絡取らないようにするよ。

並子

――ガッカリして、会社の洗面所で鏡を見る並子。

せっかくなんでも話せる男友達ができたと思ったのになあ。めんどくさいって思われてたなんて。そんなにしつこかったかなあ。まあ確かに、昨日の夜はラリーがちょっと長かったかもね。

あれっ？　でも、おかしいなあ？

今までの私だったら、真一さんに対しても、さとこさんに対しても般若みたいな顔になって怒り心頭だった。

年甲斐もなく若い男とラインなんてするからこうなるんだとか、どうして誠意のない男だって見極められなかったんだろうって自分を責めていたなあ。今の私は全然そんな気になっていない。

鏡に映ってる自分を見ていると、自分は裏表のある態度で人に接しなくてよかった。そういう誠実なやさしい自分でよかったって思えてる。

これってどういうこと？

そういえば、私って馬鹿正直で損することも多かったけど、人を裏切ったり、だましたりするような人間じゃないんだよな。

そんな私でよかったよ。なんで今までそういうことに気づいてあげられなかったんだろう。こんないいやつなのに。

たとえこんなふうに人に裏切られるようなことがあったとしても、そういう自分のことも愛そう。

そうだよ。これからは**どんなことがあっても、どんな自分だったとしても絶対に仲間外れにしたり、嫌ったり、いじめたりしない**って誓うよ。

どんな私だったとしても、絶対に私が私の味方になって、応援していこう。今、そう決意できたよ。

——あれから真一にラインをしなくなった並子。でも真一からはいつも通りラインのメッセージが届く。

真一（ラ）並子さん、最近忙しいのかな？　そんな忙しい並子さんへ、実家のわんこの警

並子　戒心ゼロの写真を送るよ。そんじゃまた♪

並子(ラ)　何、この写真(笑)。なんちゅうリラックスポーズなんだよ。まるでわんこの開きって感じじゃない。真一さん、本当に私のことめんどくさいって思ってたのかな？　どうもそうとは思えないなあ。ええい、もういいや、正直に聞いてやる。

真一(ラ)　爆ｗｗｗｗ。朝からほっこりしちゃったよ。ありがとね。そっちこそ忙しいのに40代のおばさんに気を遣わなくていいからね。

並子(ラ)　無理なんてしてないよ。好きでやってるだけだよ。

真一(ラ)　なんかそんな話を小耳にはさんだから。

並子(ラ)　どんな話？　意味不明だな。

真一(ラ)　なんか、私がしつこくてめんどくさくて迷惑かけているって聞いて。

真一　誰がそんなこと言ってんだよ。逆だよ逆！
並子さんのレスってあっさりすぎなくらいだよ。
そうか。それで最近あっさりさ加減に拍車がかかってきてたのかあ。

真一（ラ）　ああ、わかった！　さとこさんだろ。俺、そんなこと言ってないから。誤解だから。さとこさん、最近調子がいい並子さんに嫉妬してるみたいだったから。これからも今まで同様、つながっててよ。

並子（ラ）　本当？　なんかそんな気もしてた。この際だから言っておくけど、本当にめんどくさいときはめんどくさいって言って。お互いカッコつけずに、そのまんまで行こう。そうじゃないと続かないから。

真一（ラ）　了解。俺、陰口とか言うほうがめんどくさいから、なんかあったら直接言うから大丈夫だよ。

並子　――真相がわかってほっとする並子。でも、さとこにも大して腹は立たなかった。やっぱり自分を信じてよかった。真一さんもやっぱり実直ないい人だった。それにしてもさとこさん、どうしてあんなウソ言ったのかなあ。まあともかく、そういうことしない自分でよかったな。もうこの件はこれで終わり。残念だけど、さとこさんとは距離を置こう。

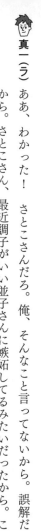

――その後、さとこは転職すると言って会社を辞め、去っていった。並子はますます会社の中での居心地がよくなり、仕事だけでなく、プライベートでも、真一というい男友達ができて、充実度が増していった。

怒っても、しょげても、やっぱり私は素晴らしい

並子

今日でセンサーをつけてから1カ月がたっちゃったなあ。この1カ月は、私にとって怒涛《どとう》の1カ月だったよ。こんなに公私ともに生活が変わるとは思わなかった。毎日その日の気づきを手帳にメモしてきたけれど、このセンサーをつけてから、自分がどんなに毎日精いっぱい生きていたかわかった。私にはちゃんと才能も魅力もあったし、すごいことなんてしなくても、目の前のことを楽しみながら熱心にやってみたら、仕事がすごく楽しくなったし、おかげで正社員に登用されることになって収入もアップしそう。

それに、取り繕わなくても、ありのままの私を友達として受け入れてくれる男の人も現れた。成実子さんに感謝しなくちゃ。

——鏡の前に行く並子。

並子

成実子さん、ありがとう。おかげで私、自分がどんなに今まで自分をいじめてきたかわかった。

そして私が当たり前だと思ってやっていたことが、実は素晴らしいことで、意外と仕事ができて、気も利いて、案外素直で、真面目で、誠実な人間なんだってわかったよ。これまではそんな自分が面白味のない人間のように思えて好きになれなかったけど、そうじゃなかったんだね。

それが私の持ち味であり、魅力でもあったってことがわかった。

どんな自分でも愛せるようになってきたら、仕事も楽しくなってきて、正社員にも登用されることになったし、収入もアップしそうだよ。本当に貴重な体験をさせてくれてありがとう。

成実子

よかったわね。私は最初からあなたが素晴らしい人だって知っていたわ。それに

並子

しても1カ月でよくそんなに深いところまで理解できたじゃない。自分を愛することがいかに大事かわかってくれて、本当にうれしいわ。**何かすごいことができるから、人よりも特別に抜きんでているから、素晴らしいんじゃない**のよ。

あなたがあなたとして、精いっぱい生きているから素晴らしいの。

人間やってれば、はらわたが煮えくり返ることもあるし、ガッカリしたり、自分のことが情けなくなることもある。いろんなことがあって当たり前。

でも、どんなときも、どんな自分であっても、愛して、許して、受け入れて、応援していくと、あなたがこの1カ月で体験したようなミラクルだって起こる。

なぜなら宇宙は、どんなときも、どんなあなたのことも愛しているからなの。

「こういう人間にならない限り愛さない」なんていう条件なんて一切ない。

だからあなたも**宇宙と同じようにどんな自分でも愛するなら、無限の宇宙の波動と同調するようになって、あなたに向かってミラクルが降り注ぐようになる**のよ。

本当にそうなんだね。そのことを実体験させてもらったよ。

成実子　ねえねえ、並子さん、このセンサー、もう外しても大丈夫そうね。

並子　えっ？　もう外しちゃうの？　そんなことしたら、また以前の自分みたいに、ちょっとしたことで自信を失ったり、自分のことを責めちゃったりしないかな？

成実子　あなたは大事なことをちゃんと学んだんじゃないの？　センサーを外した途端に、逆戻りするほど薄っぺらい気づきだとは思えないんだけど。

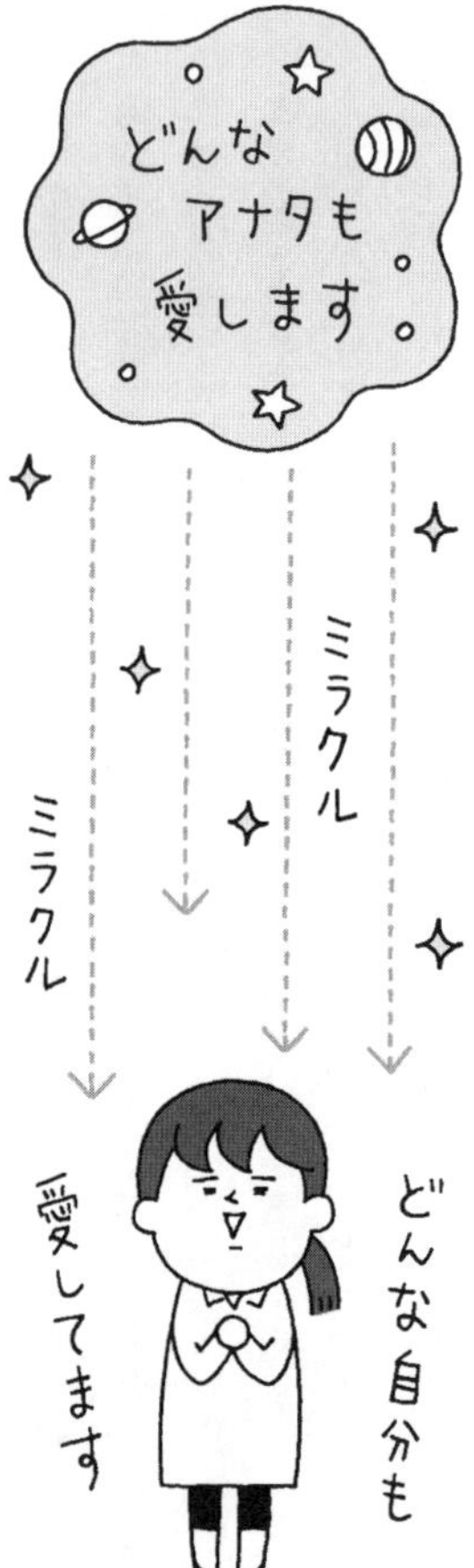
どんなアナタも愛します
ミラクル
ミラクル
どんな自分も
愛してます

一度センサーを外してみて。そして、どんな感じがするか試してみて。


並子　そうだね。今の私はありのままの素晴らしさを以前とは段違いに感じているし、この気持ちを絶対に忘れたくないって思ってる。

だからきっとセンサーを外しても、その感覚は失われない気がする。

ちょっとドキドキするけど、外してみるね。

成実子　どう？　どんな感じ？　自分のこと、どう思ってる？

並子　鏡に映ってる自分の顔を見ても、前みたいに目を背けたい感じがしない。

なんだろう、この感じ。自分を思いっきり抱きしめたい気がする。

今までいろんなことがあったけど、よく今日まで生きてきてくれたねって、自分に感謝したくなる。

私、本当によくやってきたんだね。どうしよう。なんかウルウルしてきたよ。


成実子　よかった。本当によかった。

最高に幸せな人生の基本中の基本は、どんな自分でも愛することだから。

そのベースがちゃんとできていれば、後のことはみ〜〜〜んなついてくるようになるのよ。

並子さん、あなたの脳の中にすでに新しい回路ができ上がりつつあるわ。

「どんな私であっても、私は素晴らしい」って認める回路にエネルギーが流れ始めているのが見える。

この状態なら、センサーを潜在意識に浸透させることが可能だわ。

今からあなたの潜在意識にセンサーをしっかり浸透させるわね。

それじゃあ軽く目を閉じて。

あなたの頭のてっぺんについていたセンサーが頭のてっぺんから脳の中に浸透していくイメージをして。

スーッと溶けるように浸透していくから。

並子

………。
なんだか、すごく気持ちがいいわ。脳の中にできた新しい回路が光り輝いているのを感じる。そして自分の古い自己卑下や自己否定のエネルギーが薄くなって消えていっている。

成実子　いいわねえ。しっかり浸透していっている。しばらくその気持ちよさを満喫して。

並子　…………

はい。OKよ。これでしっかり浸透したわ。

ありがとう！　なんだか生まれ変わったみたいに軽やかで、晴れ晴れしてる。

幸せって条件を揃えることじゃなかったんだね。

自分が自分の最大の理解者であり応援団になることなんだね。

どんな自分でも愛せるって、こんなにも力強く、何物にも代えがたいほどの安心感だったなんて、知らなかったよ。この時点で、もう何もいらないくらい幸せな気持ち。

私が今まで求めていた、何かすごいことをして人に認められることや、お金をたくさん稼ぐことや、素敵なパートナーをゲットすることって、そうすれば、今私が感じているような安心感が得られると思ってたからなんだって気づいたよ。

だけど、**こういったものが手に入っていなくても、とても平和な気分になり、安心感で満たされることってあるんだ！**

成実子

それはどんな自分でも愛することなんだって初めてわかったよ。
この真実は私を一生支えてくれるものだよ。

まさにその通りよ！　それこそが究極の幸せの極意よ。

い〜い？　**このベースができたら、宇宙の波動とも同調しやすくなる**の。

つまり、**あなたの波動が基本的に宇宙の波動と同調するなら、無限の宇宙から無限の恵みが流れ込みやすくなる**わけよ。そうなると、**人生のあらゆる側面にラッキーなことやミラクルやシンクロが起こりやすくなる。チャンスにも出会いにも恵まれる。**

あなたに正社員登用の話が来たり、素敵な男友達ができたり、あなたの邪魔をするような人もいなくなったりしたのは、そのせいなの。

このことを絶対に忘れないでね。私が言葉で説明するよりも、あなた自身が実際に体験したことが、最大の説得力になったでしょ？

宇宙のやることは速いの。あなたの波動が自己受容の波動になったなら、こんな風に人生はどんどん代わっていくのよ。

並子

そうか！　だからこの1カ月で、これまで何年かかってもうまくいかなかったことが急に道が開けたみたいにうまくいくようになったんだね。

なんだか宇宙の法則が少しわかってきた気がする。

これだけでも十分なくらいなのに、まだ他に6つも幸せになる道具があるなんてビックリ！

一体私、どうなっちゃうんだろう？

これからも私、張り切って学んでいくから、よろしく！

仕上げのワーク

自分の素晴らしさに気づきやすくなるセンサーを潜在意識に浸透させよう

お話の中に出てきた幸せになる道具を、これからあなたの潜在意識にも浸透させていきます。ダウンロードしたパワーアートを見ながらやってみてください。

1

背筋を伸ばして座り、
手足を組まずに
両足の裏を床につけ、
手のひらを上に向けて
ひざの上に置きます。

2

軽く目を閉じて、
深呼吸を繰り返し、
心を鎮めます。

3

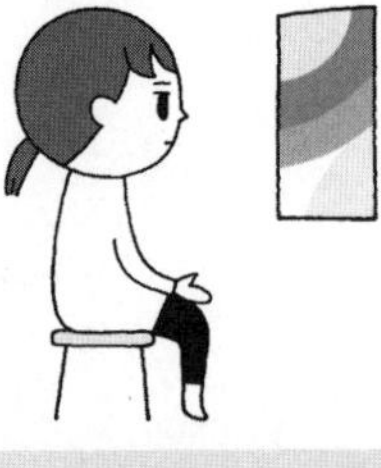

パワーアートを
無心に見つめます。

どんな自分も
素晴らしいと認め、
自己否定が浄化される
イメージをするニャ
福

4

どんな
私であっても
私は素晴らしいと
認めます
これから
私はこちらの
価値観を採用
すると決め
ました

「どんな私であっても、私は素晴らしいと認めます」「これから私はこちらの価値観を採用すると決めました」と強く意図します。

5

自己不信
自己卑下

その象徴であるセンサーが頭のてっぺんから、脳内に浸透し、同時に脳内にある自己卑下や自己不信の曇ったエネルギーが浄化されていくのをイメージします。

6

ありがとう
ございます

1～2分そのまま浸透させたら、宇宙に感謝して終了します。

猫の神様の
ニャンポイント
アドバイス

どんな自分でも愛せるように
なるためのポイントをまとめるニャ

ポイント 1　宇宙はどんなときもどんなあんたのことも愛しているんニャ。だからあんたも宇宙と同じようにどんなときもどんな自分のことも愛すれば、宇宙の波動と同調するようになるから、ミラクルも起こりやすくなるってわけニャ。

ポイント 2　何かすごいことができるから、人より何かが抜きんでているから素晴らしいんじゃない。あんたがあんたらしく今日という日を精いっぱい生きている。それが最高に素晴らしいことなんニャ。わしもそういうあんたが大大大好きニャ〜〜〜〜♥

ポイント 3　目の前の仕事を丁寧に熱心にやっていれば、仕事が楽しくなるし、チャンスはちゃんと巡ってくるニャ。

ポイント 4　自分を大切に扱うことで、人からも大切に扱われるようになる。人はあんたの意識を反映する鏡だからニャ。

あんたが思ってるよりずっと
あんたは素晴らしいのニャ
そのことに気付くだけで
人生が大きく代わるぞ

CHAPTER

3

誰もが本当はあなたの天使だと気づくと人に恵まれるようになる

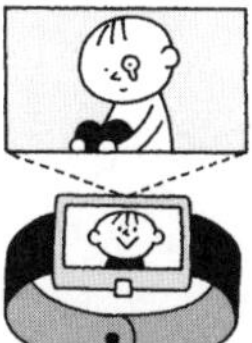

［幸せになる道具・その2］
人の背景が見えるスクリーン

人にはみんな背景がある

並子　ああ、なんか毎日会社に行くのが楽しみになってきたよ。それに早起きもできるようになってきた。おかげでスキンケアも丁寧にできるようになってきて、ますます快調〜〜〜〜♪
さあ、鏡の前に行って、成実子さんと話そうっと♪

成実子　おはよう、成実子さん。私なんだかめっちゃ張り切ってるよ。

並子　おはよう、並子さん。

成実子　いよいよこれからまた新しいレッスンに入るんでしょ。
今度はどんな幸せになる道具？
今からすごく楽しみなんだけど。

成実子　やる気満々ね。素晴らしいわ。それじゃあさっそく始めるわね。
さとこさんっていたでしょ。

並子　うん。もう会社を辞めちゃったけど。あんなウソつかれて、なんだかちょっと悲しかった。昔の私なら腹が立って、取っ捕まえてぐうの音も出ないほどコテンパンにしてたと思うけど、そこまでやろうという気にもならなかった。

成実子　そうね。**自分のことを受け入れられるようになると、人のことも許せるようになってくる**から。

並子　まあそうなのかもしれないけど、許せるってほどじゃないよ。人を陥れようとするさとこさんって、正直イヤだなあって思った。
だけど、わざわざ抗議するのもめんどくさいし、真相がわかったんだからもういいかなっていう程度だよ。

成実子　そうだね。そんなこと言って相手を追い詰めること自体、煩わしいことだもんね。
それにしても、どうしてさとこさん、あんなウソをついたと思う？

並子　そんなことわからないよ。まあ、なんだろう。私が正社員に登用される話が出たり、真一さんとも仲良くなったりしたのが気に入らなかったのかもしれないね。
私だって急にこれまでとは展開が変わってビックリしてたくらいだから。私より

成実子　若くてもっとかわいいさとこさんとしては、納得いかなかったのかも。

並子　さとこさん、どういう家庭で育ったか知ってる？

成実子　全然知らない。そんな深い話なんてしたことないもん。

ウソついたり、人を陥れようとしたり、いつでも自分が一番注目されないと気が済まなかったりする人って厄介だけど、実はそうなるだけの背景があるのよ。

並子　背景？

自分のことで精いっぱいで、そんなこと考えたこともなかったよ。でも今は……なんでかなあ？　以前よりも人のことをもっと理解できたらいいのになあって気持ちになってる。

成実子　そうね。**自分を受け入れられるようになると、人のことを理解しようとする余裕も出てくる**からね。

ところで、人のことを憎むのって、ものすごくエネルギーを消耗することだと思わない？

並子　確かに、いい気分にはならないね。モヤモヤしたり、イライラしたりして疲れる。

成実子 そうでしょ。人のことを憎むことも、人間やってればあって当然だし、それがいけないわけではないのよ。

でも**人を憎むことは、エネルギーを消耗するだけじゃなく、愛とはほど遠い波動になるから、宇宙の波動とも同調しにくくなる。**そして人生もますますうまくいかなくなる。

そうなるくらいなら、人を理解したり思いやったりできるようになって、宇宙の高い波動に同調させたほうがよっぽどいいと思わない？

並子 なるほど。そうだね。でもどうやって人を理解すればいいんだろう？

成実子 そのために2つ目の幸せになる道具を用意したのよ。

人の背景が見えるスクリーンよ。

人のべつまくなしに人の背景が見えたらうっとうしいでしょ。だからスイッチを押したときだけ、その人の背景が見えるように設定されているの。

できればこのスクリーンは、気の合わない人や苦手な人に使ってみてほしいの。

そうすれば、人に対する見方が変わると思う。

何もその場で使わなくてもいいのよ。後から「あの人の背景ってどうなっているんだろう」って気になったときに、相手を思い浮かべてスイッチを押せば、スクリーンに映し出された背景を見ることができる。

ただし、興味本位で使おうとしても作動しないの。**本当に相手を理解したいっていう愛があるときだけ見える**の。だからそこに愛があるかどうかも試されることになると思うわ。

どう？　使ってみる？

並子　うん。使ってみる。それで人のことがもっと理解できるようになったり、愛せるようになったりするなら、素晴らしいと思う。

でも私自身が相手に対して愛を持っていないとダメなんだよね。

成実子　そうよ。それがとても大事なポイントよ。

並子　どこまでできるかわからないけど、やってみるよ。

成実子　あなたならきっとできると思うわよ。それじゃ、これがスイッチ。

スクリーンはスイッチを押すと、あなたに「相手に対する愛があれば」、自動的にその人の後ろ側に出てきて、その人の人生のある場面が断片的に映し出されるから。でもね、映し出されることはそればかりじゃないの。それはおいおいまた教えるわね。

並子

へえ、何が映し出されるのかな？　ちょっと怖い気もするけど、やってみる。
成実子さん、ありがとう。

幸せになる道具 その2

人の背景が見える スクリーン

愛を持っている人なら、どんな人の背景もスクリーンに映し出すことのできる腕時計。ただし芸能人の背景は、事務所の規制がかかっている場合も。

愛が人への理解につながる

並子

ふぅ〜〜〜〜。人の背景って、知りたいような知りたくないような……。ちょっと複雑な気分だなあ。でも、こんな機会めったにないし、使ってみるか。

そうだ！　試しにさとこさんの背景を見てみよう。スイッチオン！

あれっ？　何も映らないよ。壊れてるのかなあ？

…………

あっ、そうか！　さとこさんのことを本当に理解したいって気持ちになってないもんなあ。だからかあ。よくできてるなあ。

幸せになる道具にはウソは通用しないんだ。ただの興味本位じゃダメだって成実子さんも言ってたもんね。

それにしても、どうしてさとこさん、あんなウソついたんだろう。

私が逆の立場だったら、どう思うかなあ。

自分のほうが若くてかわいいのに、今までパッとしていなかったおばさんに先を越されるなんて許せないかもなあ。

でもだからといってウソついて、人を陥れようとまではしないと思うけど。

そこまでやろうとする人って、それだけもっと愛されて、注目されて、人生がうまくいったらいいのにって切望しているってことなのかな？

さとこさんもちょっとかわいそうな人だよね。人を陥れようとするくらいなら、もっと仕事頑張ってみればいいのに。

どうかな？　私も少しはさとこさんを理解したいって気持ちになった気がするけど、今度はスクリーンに映し出されるかな？　スイッチオン！


…………


あれ？　なんだよ、まだ何も出てこないよ。一体どうしたらいいんだろう？

これはもう鏡の前に行って、成実子さんに聞いてみるしかないなあ。

成実子さん、ちょっと教えて。

成実子

なかなかスクリーンに映し出されなくて困ってるんでしょ。

並子　あなたも気づいたように、興味本位だけでは相手の背景を見ることはできないの。それと、もう一つ。あなた、さとこさんのことをさっきどう思った？

成実子　かわいそうな人なのかもしれないなあって思った。

並子　人のことをかわいそうだって思う気持ちにも、2種類あってね、心から相手の痛みを自分のことのように感じて思う「かわいそう」もあると思う。

でももう一つは、極論すれば「軽蔑」であり、人を見下している「かわいそう」なの。こっちは愛じゃないよね。

あなただって、人から見下されて「かわいそうな人」なんて言われたら不愉快でしょ。さっきあなたがさとこさんのことを「かわいそうな人」だって思った気持ちは、見下して軽蔑してるってほどではなかったけど、愛から理解しようとはしていなかったのよ。

成実子　どうして愛がないと、人の背景がわからないの？

並子　宇宙の波動が歓びや愛が極まった至福の波動だって話したの覚えてる？

そういえば、そんな話もしてたね。

成実子

すべてを創造した宇宙は、すべてのものに通じている。だからあなたのこともさとこさんのこともすべてお見通しなの。あなたが忘れてしまっている過去の出来事まですべて知っている。

だから**宇宙の波動である愛の波動になっているなら、すべての情報がある宇宙とアクセスできるようになる**から、人の背景という情報にもアクセスできるようになるわけ。

だけど、興味本位や軽蔑の波動は、宇宙の波動とはかけ離れているからアクセスできない。だからスクリーンに何も映し出されなくなるのよ。

どう？　少しは理解できた？

並子　なるほど、そういうことなんだね。理屈は理解できたけど、どうしたら、そんな愛の波動になれるのかがわからないよ。それに、さとこさんの背景なんてどうでもいい気もするし。

成実子　なら、別に使わなくたっていいのよ。もっと愛を持って理解したいと思う別の人の背景を見てみればいいじゃない。
ただね、嫌いな人や苦手な人に対して、このスクリーンを使うと、すごく大きな学びになるし、人ともっといい関係になることができるのよ。
まあ、いろいろやってみて。

並子　はあ〜〜〜。愛かあ。

成実子　あなたは確実に相手を理解しようとしているわよ。
自分が逆の立場だったらどうだろうなあって思ってみたじゃない。それだけでも大きな進歩よ。

並子　ありがとう。ほめられるとなんか元気出るな、へへ。

さとこさんのことも、もう一回よく見つめてみるよ。

人は痛みを抱えながら生きている

並子

人に意地悪する人って、もっともっと私を愛して、私を見てって心の中で悲鳴をあげている気がする。

私も自分の人生が八方ふさがりのような気がしてたときは、意地悪はしなかったけど、心に余裕がなくなって、人に対して冷たかったり、機嫌悪くてイライラしていたりしたもんなあ。そういう意味じゃあ、さとこさんと大差ないのかもなあ。ちょっと前までの自分を思うと、なんだか胸が痛くなる。悲しくてさびしいのに、必死でそれを隠してた。みじめだって思ってる気持ちを悟られたくなくて、強がってたよなあ。

もしかしたら、さとこさんも悲しくてさびしい気持ちだったのかもしれないなあ。

――鏡の前で考え込んでいる並子に、鏡の中から成実子がここぞとばかりに声をかけてきた。

成実子　突然、ごめんなさい。

並子　ビックリしたあ！　突然、何？

成実子　今のあなたのその気持ち、さとこさんに対する愛があったわよ。そうよ、彼女も必死で生きている同じ人間よ。スイッチオンしてみて。きっと今度は映し出されるはずよ。

並子　うん！　やってみる。スイッチオン！

――すると、さとこの子ども時代の映像が映し出された。

学校から帰ってきても、家には誰もいない。テーブルの上には、メロンパンと100円玉が一枚。ため息をつきながら、それを見つめるさとこ。

さとこ　今日も晩ご飯はメロンパンか……。

――両親は夕方から営業を開始する小さな割烹をやっていて、さとこが帰ってくる時間にはもう仕込みに出ているのだ。そして店が終わって家に帰ってくるのはいつも深夜2時過ぎ。

学校に行く時間になっても両親は起きてこない。

朝食のクリームパンを袋から出し、一人でスープをチンして食べるさとこ。学校に向かう道すがら、お母さんが作ってくれた朝食を食べて、大きな声で「いってらっしゃい」と言われて玄関から出てくる同級生をにらみ、挨拶もせずに足早に学校へ向かっていく。

スクリーンを通して、さとこの心の声が聞こえてくる。

さとこ 私もお母さんの作ったあったかいご飯が食べたいよ。

一人ぼっちでメロンパン食べて、一人で布団敷いて寝るのなんてもうイヤ。

お父さんとお母さんと一緒にご飯食べたいよ。

さびしいよ〜〜〜〜。

なんで生まれてきたんだろう。この世に私なんていなくたっていいのに。


——そこでスクリーンの映像が終わる。涙があふれている並子。

並子 こんなのつらすぎるよ。さびしいし悲しいよね。子どもの頃なんて、一番親の愛

に包まれたい時期なのに。

さとこさんがそんな気持ちを子どもの頃からずっと抱えていたなんて知らなかったよ。

普通に幸せな人が妬《ねた》ましくなって、邪魔してやりたくなっちゃう気持ちも少しは理解できたよ。

それだけやりきれなくてつらかったんだね。

そうだと知っていたら、もっとやさしくしたのになあ。

成実子 人はそういう背景や心の中を見せずに、みんな元気なふりをしたり、幸せなふりをして、生きているものなのよ。

並子 私もそうだった。いや、今もまだそういうところがある。

成実子 SNSでリア充をアピールしている人の中にも、同じような人が実はいっぱいいるわ。
会社で怒鳴り散らす上司っているでしょ。ああいう人も、本当は不安でいっぱいで愛されたくてたまらない人だったりするの。

親が何をやっても少しも認めてくれなくて、目に見えるすごい成果を出さない限り、自分は存在している価値なんてないって思い込んでいるから、部下にも厳しくなってしまう。

怒鳴られる部下たちも大変だけど、怒鳴り散らす本人も、少しも幸せじゃない。

内心恐怖でおびえている。

並子

そうか。**みんな痛みを抱えながら生きてる**んだね。

でもそれは表には出さないからわからない。

私もそうだったけど、なんとか幸せになろうと、必死で生きているんだよね。**不安や悲しみやさびしさを、自分の胸の中に押し込めて、人には別の顔を見せて生きているんだ**って思うと、なんだかすべての人がみんな愛おしく思えてくるよ。

成実子

「みんな頑張れ！」ってエールを送りたくなる。

すべての人を無理に理解しようとしなくてもいいけれど、**人を憎んでイヤな気分になるくらいなら、「この人にも、私には見せていない背景がきっとあるのだろう」って思ってみるだけで、少し心が和らぐ**でしょ。

自分と同じ人間なんだと思えたら、人のことも許せる余裕が出てくるわよね。

並子 スクリーンを見て、そのことがリアルにわかったよ。
さとこさん、元気でいるといいなあ。

成実子 もしそんな気持ちになれたなら、心の中でさとこさんの幸せを祈るだけでも違うのよ。
愛の波動は最も高くて、どんな波動よりも速く確実に相手に届くわ。
だから目には見えなかったとしても、あなたのその愛がさとこさんにきっと届くと思う。

並子 そっかあ。じゃあさっそく祈ってみるね。
さとこさんが、たくさんの愛と光に包まれますように。

——目を閉じて、愛を込めて心から祈る並子。

成実子 ねえ、並子さん、今祈ってみて、どんな気分？

並子 えっ？　そうだなあ。なんか自分が女神になったような、とっても穏やかで平和な気分だった。

成実子 そうでしょ。**人の幸せを心から祈ったら、相手よりもまず自分自身が満たされて幸せになるの。だから人のことを祈ることは、自分の幸せにもつながる**のよ。

並子 なるほど。確かにそうだ。
そしてその波動でいることが宇宙の波動とも同調するから、ますますいいってことね。

成実子 その通り！ これからも誰か受け入れがたい人がいたら、この人にもそうなるだけの背景があるのかもしれないって方向に意識を向けてみてね。

並子 うん。スクリーンがないと具体的な情報はわからないけど、そう思うだけでも、心が休まる気がする。成実子さん、ありがとう。

そうか！ 生まれてくる前から約束してたんだ！

並子 あっ、でもさとこさんにも感謝しないとね。さとこさんがいなければ、こういうこともわからなかったんだから。

成実子　いいところに気づいたわね。スクリーンはもう一つ別のものを映し出す機能があるって話したわよね。今スイッチを押したら、別の情報が見れるわよ。

並子　別の情報？

成実子　そうよ。生い立ちよりももっと前の情報よ。

並子　何、それ？　過去生ってこと？

成実子　ううん、違う違う。映し出してみればわかるから。さあ、やってみて。

並子　何だろう？　まっ、いいか。スイッチオン。

――そこにはさとこではなく、ちょっと前の並子が映し出されている。真一からのメールを見て、ふと心の中でつぶやいている。

並子　どうせ、ただのヒマつぶしでしょ。本気にしないようにしなきゃね。私がそんなにカンタンに男の人とうまくいくわけないもん。

――自分がそんなふうに思っていたことを客観的に見て驚く並子。

成実子　並子さん、あなた自分のことをどう思ってたの？

並子　そんなにカンタンに男の人とうまくいくわけがないって思ってたでしょ？
そういえば、そんなふうに思ってた。だからもっと親しくなれそうになったのに、警戒して踏み込まなかったのかも……。

成実子　この映像には続きがあるの。よく見て。

——人間に生まれてくる前の魂と思われる光の珠が2つ。この2つの珠は、並子とさとこだと直感的に理解する並子。さとこと思われる珠が、並子と思われる珠に話している。

さとこ（珠）　わかったわ。私があなたの自己認識を映し出す鏡になればいいんでしょ。あなたが「自分なんてどうしようもない人間だ」って思っていることを映し出した言動や行動をするね。
男の人と結びつきそうになっても、自信を持てないあなたの気持ちを反映させて、その仲を邪魔するから。
それに幸せになる道具を使って人生で大事なことに気づくっていうシナリオも予定しているんでしょ？

じゃあ、その道具を使って、人から裏切られても、自分が人を裏切るような人間でなくてよかったって気づけるように、私があなたを裏切るわね。
それから私の背景を見られるようにもしてあげる。
ここまでしたら、あなたの自己認識も変わるでしょ。そしたらもう私はあなたの前から消えてもいいよね。
あなたには前の人生でとてもお世話になったから、そのくらいのことやらせてもらうよ。

並子（珠） ありがとう。こんなめんどくさくて、イヤな役をやらせちゃって。あなたには本当に感謝するわ。

さとこ（珠） どういたしまして。

――映像に言葉を失う並子。信じられない様子。

並子 マジ？　こんなこと生まれてくる前に約束してたってこと？
私が自分に自信なくて、どうせ真一さんとそんなにカンタンにうまくいくわけないって思ってた気持ちを、さとこさんが映し出して現実化させたってことなの？

成実子
そんなことって……。

そうよ。たぶん、真一さんのことだけじゃないでしょう。あなたが本心で自分に対して思っていることを彼女は口に出したり、現実化したりする鏡の役割を演じてくれていたはずよ。

並子
だから、毒舌だったのかあ！　キッツいなあって思ってたけど、私自身が私のことを不愛想でいつもイラついてるイヤな女だって思ってたから、彼女はヘタしたら刺されそうだなんて言ってたんだ。

成実子
そうそう。その通り。

オレって
自分をあんな風に
思ってるのか
私って自分を
あんな風に
思ってるのね

並子　さとこさんて、私とはまったく別の人間だと思っていたけれど、なんだか他人とは思えなくなってきたよ。

成実子　そうよ。本当はね、さとこさんだけじゃないの。すべての人が、あなたが自分をどう思っているかを映し出してくれているのよ。あなただって、自分では気づいていないだろうけど、誰かの自己認識を映し出している。人はそうやって互いに相手を通して自分を知ることができるように、助け合っているのよ。

みんな天使じゃん

成実子　それだけじゃないわ。さとこさんは、あなたの人生の中では割と近くで触れ合う関係になる人だから、生まれてくる前に、あなたの人生の中でどんな役割を演じるかも決めていた。
あなたが今こうして、もう一人の自分である私と出会うことになり、そこで幸せになる道具を使うことになることも承知の上で、自分を使ってもらっていいって同意していたのよ。


並子 さとこさ〜〜〜ん。あなた、なんて人なのよ。

そんなにも私の人生の力になってくれて、なんか泣いた赤鬼の気分だよ。

さとこさん、本当にありがとう。

成実子 あっ、でもね、さとこさんはそんな約束したなんて忘れているのよ。**人間として生まれてくるときに、そういうことは全部忘れて生まれてくる。**お互いにわかっててやってたら、ヤラセになっちゃうからね（笑）。**忘れた上で体験するから愛の尊さにも気づける。そして、長い人間経験を経て、どこかでそんな魂同士の愛に気づくようにできている**の。

並子 じゃあさあ、私の人生でイヤな役を演じてくれた人ほど、天使みたいなものだったってことじゃん。衝撃が強すぎて、まだなんか混乱しているよ。

本当はみんな愛でつながっていたってことか……。

今はまだ、完全にはそうだと思えないところもあるけど、そうやって人に対する見方を変えたら、すべての人がますます愛おしく思える気はするよ。

突然みんながやさしくなってきた⁉

並子　——衝撃の事実に動揺しながら、いつも通り出勤するために駅に向かう並子。
なんか今日は、道ですれ違う人もただの人とは思えない感じがするなあ。
まして会社の人たちなんて、一体私と生まれてくる前にどんな約束したんだろうか？　そんなことスクリーン使って全部知ろうとは思わないけど、みんな、私の人生にとって大事な人たちなんだろうなあ。

——会社に着いた並子。

並子　おはようございます。

部長　おはよう。並子さんの笑顔、いいね。こっちまで気分が明るくなるよ。
最近、業務改善のいろんな提案をしてくれるから、すごく助かってるよ。

並子　いいえ、どういたしまして。私こそ、本当に部長にはお世話になって。なんか言葉には尽くせないくらい感謝しています。

部長 そんな大したことはやってないよ。当然のことだよ。

あっ、さとこさんの後任のさおりさん、よろしく頼むな。

さおり 並子さん、はじめまして。まだいろんなことよくわかってませんが、一生懸命やりますので、よろしくお願いします。

並子 こちらこそ、何かわからないことがあったら遠慮なく聞いてね。

さおり 頼もしくて素敵な先輩でよかったです。私も並子さんみたいに正社員に抜擢されるくらい仕事ができるようになりたいです。

並子 私はここに至るまでが長かったから（笑）。あなたみたいに若くて素直な人なら、あっという間に登用されるんじゃない。まっ、楽しくやりましょ。

…………

並子 なんだか会社の人間関係もよくなってきたよ。

スーパーでお米をカートに入れようとしたときも、たまたまそばにいた店員さんが親切に重いお米をカートに載せてくれたり、昼休みにランチしたイタリアンのお店でも、とってもおいしかったですと挨拶したら、わざわざシェフが出てきてくれたり……。

この人生で出会う人は、みんな大事な人で、魂レベルではきっと愛で結ばれていると思ってみただけなのに、会う人会う人がやさしくて、いい人ばかり。

それまでは、タクシーに乗っても挨拶もしない運転手にイラ立ったり、電車の中で足を踏まれても無視されたりしていたのに……。


——並子は人間関係が変わってきたことを日々実感するようになった。

並子　成実子さん、あれからまだスクリーンを一回も使ってないのに、なんだか私の人間関係が変わってきたよ。会う人会う人、なんかやさしい人が多いんだよね。私のことを大事にしてくれている気がする。

成実子　当然よ。**人はあなたの自己認識を映し出してる**って言ったわよね。つまり**あなた自身も自分のことを価値のある人間なんだって受け入れられるようになってきたから、人もそれを映し出すようになってきた**のよ。

並子

それに、**魂レベルではみんなが愛でつながっている**ってことも、受け入れられるようになってきたでしょ。だから現実の世界にも愛がいっぱいになってきたのよ。

そういうことだったんだあ。急に周りの人も、触れ合う人もやさしくなってきて、どうなっちゃったんだろうって思った。

私が私をどう思うか。そして、どんな人にも背景があるんだって思ったり、魂レベルでは愛でつながってるのかもって思ってみるだけで、こんなに違ってくるものだったんだね。

私、人間てめんどくさくて、あまり好きじゃなかったんだよね。

だけど今は、嫌いじゃなくなった。みんな大事な人なんだなって少しは思えるようになってきたよ。

成実子

いいわねえ。**「すべての人は愛でつながっている」**っていう回路にエネルギーがちゃんと流れ始めているわ。スクリーンを潜在意識に浸透させられる準備が整っているわね。

それじゃあ軽く目を閉じて。幸せになる道具を潜在意識に浸透させるわね。

並子

ありがとう。なんだか胸がとっても温かく感じる。これが愛の温もりなのかな。とっても幸せでほっこりしている。成実子さん、ありがとう。

仕上げのワーク

人を理解し、愛に気づきやすくなるスクリーンを潜在意識に浸透させよう

お話の中に出てきた幸せになる道具を、これからあなたの潜在意識にも浸透させていきます。ダウンロードしたパワーアートを見ながらやってみてください。

1

背筋を伸ばして座り、
手足を組まずに
両足の裏を床につけ、
手のひらを上に向けて
ひざの上に置きます。

2

軽く目を閉じて、
深呼吸を繰り返し、
心を鎮めます。

3

パワーアートを
無心に見つめます。

4

胸の中央で両手を
重ねます。

5

すべての人は愛でつながっている
これから私はこちらの価値観を採用すると決めました

「すべての人は愛でつながっている」「これから私はこちらの価値観を採用すると決めました」と強く意図します。

6

その象徴であるスクリーンがハートに浸透し、愛で満たされるのを感じます。

7

ありがとう
ございます

1〜2分そのまま浸透させたら、宇宙に感謝して終了します。

猫の神様の
ニャンポイント
アドバイス

愛のある人間関係になるポイントを
まとめるニャ

ポイント 1
どんな人にも、人には見せていない背景があるんニャ。

ポイント 2
人を憎むことは自分自身を消耗させるし、波動も低くなるから、宇宙の波動とかけ離れ、運気も下がってしまうんニャ。もったいニャ〜〜〜い！

ポイント 3
そうなるくらいなら、自分自身のために、愛を持って相手を理解しようとしたほうが、ずっと幸せになれる。愛を持って人を理解しようとすると、その背景を感じ取ることもできるんニャ。

ポイント 4
目の前に来る人は、自分自身の自己認識を映し出す鏡の役割も果たしている。

ポイント 5
自分を価値ある大切な人間だと思うようになると、そんな自己認識を反映し、人もあんたにやさしくなってくるんニャ。

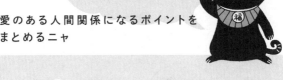

CHAPTER

4

どんな感情を抱いても
その奥にある
真実に気づけば
幸せになれる

[幸せになる道具・その3]
波動が色で見えるメガネ

波動をはっきり「見てみる」

成実子　並子さん、**自分のことをどう思っているかを、周りの人たちが映し出してくれている**ということは理解できたでしょ。つまり、**自分が何を思っているかが、自分が体験する世界を決めている**とも言えるわけよね。

最初にすべては波動でできているっていう話をしたと思うけど、覚えてる？

思っていることによって発する波動が変わり、その波動に応じたものを現象化するのが宇宙の法則だったでしょ。

並子　思っていることによって波動が変わるっていうのは、頭では理解できる。

確かに気分によって発している波動って違うんだろうなあとも感じる。

でもさあ、はっきり言って自分が一体どんな波動を出してるかなんて、色で見られるわけでもないし、なかなか気づかないよね。

成実子　あら、そういうあなたにちょうどぴったりの幸せになる道具があるのよ。

今度の道具は、発している波動を色で見られるようになるメガネよ。どんな色を発しているか見れば、口でどんなことを言っていても、本音ではどういう感情なのかを直感的に察知できるし、その波動が高いか低いかも理解できるの。すごいでしょ。

このメガネは、自分の発している波動の色を見るときと、他の人が発している波動の色を見るときで、切り替えられるようになっているの。両方いっぺんに見ようとすると、自分の発している色に、他の人が発している色が重なって見えてしまうからよくわからなくなるでしょ。

だからあなたが、今は自分の発している色を見たいと意図すれば、自分の色が見え、他の人が発している色が見たいと意図すれば、そっちが見えるように自動的に切り替えられる。だからどっちを見たいのか、しっかり意図してね。

このメガネは実際には時空を超えて作用しているものだから、あなたにしか見えないし、他の人に貸すこともできないのはスクリーンと同じ。かなりリアルに見えるメガネだから、最初はビックリするかもしれないけど、まずは自分が発している波動の色をよく観察することから始めてみるといいわ。

並子　へえ～、そんな便利なものがあるんだ。自分が一体どんな色を出しているのか、興味津々だなあ。ちょっとドキドキだけどね。

成実子　今まではなんとなく感覚的に感じていた波動の違いが、これによってはっきりわかるようになると思うわ。今日はお休みだし、いろんな場所に出かけて、よく観察してみて。

並子　わかった。それじゃあさっそくメガネをかけて外で散歩してみる。

成実子　いってらっしゃ～～～い♪

幸せになる道具・その3

波動が色で見えるメガネ

自分も含め、あらゆる人の波動を色として映し出すメガネ。黒に近い濁った色になると宇宙と同調しにくくなるが、サングラスとして利用はできる。

気分がいいなら、波動も高い

並子

——さっそく外に出て、メガネをかけてみる並子。

あっ、そうだった。自分の発している波動の色を見るって意図しよう。

おおおおお！　オレンジ色だよ！

ひえ〜〜〜〜。ドキドキするなあ。初めて見たよ！

あれあれあれ〜〜〜〜。色が赤くなっていくよ。

なるほど、わかった！　興奮したり、動悸がすると赤くなっていくんだね。

赤信号みたいなきれいな色だなあ。

じゃあオレンジって何なんだ？

そうか！　好奇心や楽しさの色なんだ。こんなにあっという間に波動って変わるんだ。面白いなあ。

おっと、今度はオレンジ色に戻ってきた。

あっ！　いいこと考えた、公園に行ってみよう。そこで日向ぼっこしたら、どんな色が出るか試してみよう。

並子

——公園に到着し、噴水が見える芝生の上のベンチに腰かけ、温かいミルクティーを飲んでいる並子。

ああ、平和だなあ。とってもくつろいで幸せな気分。

さっそくメガネをかけてみようっと♪　一体どんな色が見えるんだろう♪

ほう〜〜〜〜。穏やかな日差しのようなふんわりしただいだい色だ。さっきのオレンジとはちょっと違うなあ。

ああ気持ちいい。目を閉じて思いっきりリラックスしてみようっと。

さあて、今度はどんな色になるかな？

うわあ、きれいだなあ、新緑の色だ。

満ち足りた気分だと穏やかな日差しのようなだいだい色で、深いリラックス状態だと、新緑の色になるんだね。

面白〜〜〜〜い♪

――そんなゴキゲン状態の並子の頭の上に、突然冷たい感触が！

並子
えっ！　何？　このピチョンっていう感触は！
やっぱあれ？　鳥のフンってこと？

――恐る恐る触ってみる並子。

並子
何なんだよー！　人がせっかく気持ちよくやってんのに。鳥のフンじゃない！

一体こんなもの落としていった鳥は、どの鳥だよ！

ふざけんじゃないよ、まったく！

おおおおお、すごい！　濁った赤に変わった。どんどん黒くなっていく。暗い色のサングラスかけてるみたいになってきた。

怒ったらこんな色に変わるんだ！　ビックリだな。

そんなことに感心してる場合か！　とりあえずウェットティッシュでふき取って家に帰ってシャワー浴びないと。

それにしても鳥のフンを落とされたのって何十年ぶりだろう。

でもおかげで怒ったり衝撃を受けたりすると、どういう色に変わるのか見られたよ。

——立ち上がって家に向かう並子。

並子　はあ〜〜〜。今の色はオレンジ色っぽいんだけど、やっぱりちょっと濁ってて、クリアなオレンジ色には見えないね。

波動ってごまかせないものなんだなあ。

まあ、正直申言って、鳥のフンのショックからまだ立ち直ってないからね。当然そういうことになるんでしょうけど。

——家に戻ってシャワーを浴びて、鏡の前に立つ並子。

並子　成実子さん、このメガネすごく面白いね。それにしても、何十年ぶりだろう。公園で鳥のフンを頭に落とされたよ。髪の毛洗ったからいいようなものの、まだショックを引きずってるよ。

成実子　よかったじゃない。

並子　何がよかったんだよ！

成実子　おかげでショックを受けたときや、怒っているときに色が濁るのを目撃できたんだから。それってすごく貴重な体験よ。
鳥のフンなんてね、洗ったら落ちるし、もっと他のショックな出来事を体験することに比べたら、大したショックでもないでしょ。

並子　まあ、そう言われればそうだね。

成実子　それより、色を見てわかったでしょ。クリアな状態のときは、楽しかったり、ワクワクしたり、落ち着いた平和な気分だったり、満ち足りた気分だったり、とてもリラックスした気分だったりしたでしょ。

並子　確かにそうだった。

成実子　つまり、**気分がいいときは、宇宙の波動である愛や歓びが極まった至福の波動に近くなり、宇宙と同調しやすい**わけよ。
逆に色が濁って見えるときは、腹が立ったり、ショックだったり、不愉快だったでしょ。こういうときは宇宙の波動とはかけ離れた状態にあるから、宇宙の波動

とシンクロしにくいってわけ。そのことが理解できたと思う。
でもここまでは、まだまだわかりやすいレベルよ。
今度は自分の色ではなく、人の発している波動の色を見てみるといいわ。もっとビックリすると思う。

並子　わかった、やってみる。今から近所のイタリアンで食事してくるから、お客さんの発している色を見てみるよ。

成実子　それはいいわね。きっといろんなことに気づくと思うわ。
よ〜〜〜く観察してきて。でも声に出したり、人に言ったりはしないで。あくま

並子　でもあなた個人の体験にしてね。興味本位で見るんじゃなくて、あくまでも波動を学ぶために見せていただいているっていう感謝の気持ちを忘れないでね。
うん。私、全部顔に出るタイプだから、隠しきれないかもしれないけど、口には出さないから。
それにしても、そんなにビックリするようなことがあるってこと？
まあいいか。とりあえず、髪の毛乾かしてから行ってくるよ。

波動はごまかせない

――再び家を出て、近所のイタリアンレストランで食事をする並子。

並子　横の席のお客さん、どんなだろう。

――横には30代くらいの女性が二人で会話している。

女性客1　へえ、私も泊まってみたいな。そんな高級ホテル。

女性客2　そうよ。時にはそういうご褒美を自分にもあげないとね。1泊5万円もしたけど、バスローブはふわふわだし、夜景はきれいだし、コーヒーマシンもあって、淹れ立てのコーヒーも好きなだけ味わえるのよ。アメニティだってとっても香りのいい海外の一流ブランドだったわ。バスルームでは好きなBGMもかけられたし、女王様気分になれた。

女性客1　すごいわねえ。でもそんなホテルに行くんなら、一人じゃなくて彼氏と行きたいわ。一人じゃ、なんかさびしいもん。

女性客2　あら、何言ってるのよ（笑）。そんなことないわよ。一人で泊まるから、思いっ切り自由に過ごせるんじゃない。それが本当の贅沢《ぜいたく》っていうもんよ。

並子　なんちゅう会話だ。なんかちょっとざわつくなあ。さあて、メガネメガネと。今度は自分以外の人が発している色を見るから、メガネさんよろしくね。

おおおお〜〜〜〜。

やっぱりそうかあ。どっちの色も濁ってるわあ。

ホテルに泊まったって言ってる女の人は赤黒い。

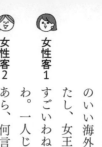

話を聞いてるほうは濁った黄色だ。これは嫉妬してる色だってメガネのおかげで直感的に理解できたよ。

ということは、ホテルに泊まったって言ってる人は、一人じゃさびしいって言われてちょっとムッとしてるんだ。それだけじゃないね。たぶん、話を聞いている女性のことが本当は嫌いなんだ。これは今に始まったことじゃなさそうだ。前々から気に入らなくて、マウンティングしてるんだ。

話を聞いている人は、おなかの中ではうらやましくてたまらないってことか……。

一見仲良さそうに笑顔で話しているのに、発してるものは歓びでも楽しさでもないんだな。ちょっとメガネ外そう。この色を見てるだけで疲れる。

みんなこのメガネをかけて色をはっきり見ているわけじゃないから、相手が本当はどう思ってるかなんてわからないけど、それでもなんとなく感じることは、あながち外れてもいないってことか。

だいたい、横で聞いてるこっちもなんか気持ちよくなかったもんなあ。

前のボックス席に座っている夫婦の波動を見てみようかな？
あれっ？　全然会話してない。黙って食べて何が面白んだろう？
少しは会話くらいすればいいのに。
メガネをかけてみるか。
あれっ？　この色どこかで見たなあ。
そうだ！　公園のベンチに座って、ミルクティー飲んでたときのあの色だ。
穏やかな日差しのようなだいだい色。
しかも二人がまあるいだいだい色の中に一緒にいるように見える。

夫　このサラダ、お前好きだろ。もっと食べていいぞ。

妻　ありがとう。じゃあこっちのお肉あげるわね。

夫　うん。

並子　なんだ、なんだ、なんだあ～～～。仲良し夫婦じゃん。

並子

いいなあ、こういう心から安心できる関係って。

ベラベラしゃべってるだけが仲良しじゃないんだな。

何十年も一緒にいて、いろんなことを乗り越えてきた夫婦だからこそ、言葉を交わさなくても、わかり合えるようになったのかもしれないなあ。

あんまり会話しないから、冷え切っている夫婦かと思いきや、そうじゃなかったんだ。

パッと見ただけじゃわからないもんだなあ。

波動って、ごまかせないし、隠せないものなんだなあ。

いくら表面を取り繕っても、心から満たされていなければ、やっぱり幸せの波動を発することはできないんだなあ。


——今度は厨房の中で料理を作っているシェフに目を向ける並子。

あれっ？　シェフの周りには何の色も見えないなあ。

もしかしてお化け？　そんなわけないよなあ。

じゃあ一体あれはどういうことなんだ？

成実子さん、メガネをかければ、その色が何を表しているかも、波動が高いか低いかも、直感的に理解できるようになるって言ってたよなあ。

そうか！　わかった！　大好きなことに熱中して、無になっている状態が無色に見えるんだ。しかも雑念が消えているから、この状態は宇宙の無限の叡智《えいち》ともつながっているんだ！

ここのイタリアンがいつも独特の創作料理を出して、おいしいって評判になっていたのはそういうことか！

すごいなあ。つまり**余計な雑念が消えて、頭が空っぽになって集中していれば、そこに宇宙の叡智やアイディアが自動的に降り注ぐ**ってことなんだ。

ちょっと待って。今の自分の波動の色を見てみたい。

メガネさん、私自身の波動を見せて。切り替えオン！

うわあ！　何これ？　ゴールドの微粒子があふれまくっている。

宇宙の真理に気づくと、魂が歓んでこんな色になるんだ。

これってだいだい色や新緑の色よりも、もっと波動が高い気がする。**人間にとって最高の歓びは、あのシェフのように宇宙とつながって夢中でやりたいことをやり、宇宙と共同創造することと、宇宙の真理に目覚めること**なんだなあ。
ああ、なんて素敵なんだろう。感動したよ。

人間には波動をキャッチできるセンサーがついている

——この感動を伝えたくて、急いで家に帰り、鏡の前に立つ並子。

並子　成実子さん、成実子さん、すごいよ、すごいよ。今とっても感動しているんだよ。

成実子　あなたの言いたいこと、もう伝わってるわよ。**高い波動を発すれば発するほど、人間は至福に近づく**のよ。
今あなたは幸せになる道具であるメガネをかけているけれど、もしもメガネをかけていなかったとしても、なんとなくわかる気がしない？

並子
そういえば、横にいた二人の女性客の話を聞いていたら、ざわざわした気分になったし、あのシェフにしても、前から熱心に料理してるなあって感じてた。それにシェフが作った料理は、ただおいしいだけじゃなく、作り手の歓びが伝わる、食べるだけで幸せな気持ちになる味だっていうのも感じてた。

成実子
そうでしょ。つまりね、メガネをかけてはっきり色で見なくても、**人間には相手が出している波動をキャッチできるセンサーがついている**のよ。

先入観や雑念にとらわれているときは、それがわからなくなることもある。

でもやっぱり、いくら取り繕っても、人にはちゃんと伝わってしまうものなのよ。

そして、**高い波動を発している人は、当然宇宙の波動と同調するから、宇宙の恩《おん》寵《ちょう》を受け取りやすくなる**の。

あのイタリアンのお店、そんなに宣伝もしていないのに、ランチタイムにはいつも行列ができて、グルメサイトでも評判になってるでしょ。

つまり、高い波動を発するものは、人を惹きつけるようにできているってこと。

人間は創造の源である宇宙の波動がどんなに素晴らしいものか潜在的にわかっている。だから**高い波動を発するものがあると、自然に惹かれてしまう**ものなのよ。これはとても大事なことだから忘れないでね。

私もこのことがわかるようになってから、自分のやりたいことで成功を収められるようになったの。マーケティングも宣伝も、取り立てて何かをしなくても、人は確実に集まってくる。その話はまた追って詳しくするわね。

でね、大事なのは、波動をいつも高めに安定させることなのよ。

人間をやっていれば、腹が立ってどうしようもないことだってあるし、誰かがうらやましくて嫉妬に狂うこともある。深い苦悩の闇に取り込まれることだってある。

そんなとき、どうやってその濁りを取っていけばいいのか。それについて教えるわね。

怒りから濁りを取ると、情熱になる

成実子 どうして怒りっていう感情が出てくるんだと思う？　何が怒りの引き金になってるんだろう？

並子 う〜〜ん。どうかなあ。私の場合はバカにされたり、自分が正しいと信じてることを踏みにじられたときに腹が立つ気がするなあ。

成実子 そうね。大事な存在であるあなたを、大事なものとして扱ってもらえないときに、怒りが生じる。

あるいは、自分にとって大事にしている信条や価値観を踏みにじられたときにも怒りが生じてるってことよね。

どっちも何を大事にすべきか教えてくれているわよね。

並子 なるほど。そうかもしれない。

自分が何を大事にしているのか、怒りが生じたときに鮮明になるってことかあ。

成実子　**相手に大事にされずに腹が立っているんだとしたら、相手はその人の自己認識を反映している**わけだから。そのことはスクリーンを使ったときに学んだわよね。

並子　そうだった。そうだった。

成実子　だとしたら、相手に抗議しても別にいいけど、**一番大事なことは、自分自身が自分を大事な存在だって思っていないということに気づくこと**よね。

並子　そして自分こそが、自分自身を心から大事にすると誓ったらいいのよ。

成実子　そうか……。その**怒りを相手に向けるんじゃなくて、自分を今度こそ大事にするぞっていう誓いのエネルギーにしてしまえばいい**んだ。

並子　そう。その通り！　素晴らしいわ。

成実子　でもね、ここからが重要なのよ。自分の大事にしている価値観を踏みにじられて怒り心頭になったとき、よ〜〜く自分を見つめ直すの。

並子　どういうこと？

成実子　たとえば、ちょっとくらい熱があっても、這ってでも出勤するべきだって思っていたとするわね。

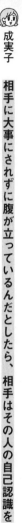

並子 ああ、私そんなふうに思ってた。だから新入社員の子が仮病を使って旅行したって自慢しているのを聞いて、ものすごく腹が立った。

成実子 ちょっとそのときの気持ちを思い出してみて。メガネをかけて自分がどんな波動を発しているかよく見て。

並子 了解！　ああ、なんか思い出しても腹が立ってくる。メガネをかけてと……。ゲッ！　血の色みたいに赤黒いよ〜〜〜〜。

成実子 素晴らしい。じゃあメガネを外して。これから私の質問に正直に答えて。あなたは本当に病気のときでも這ってでも

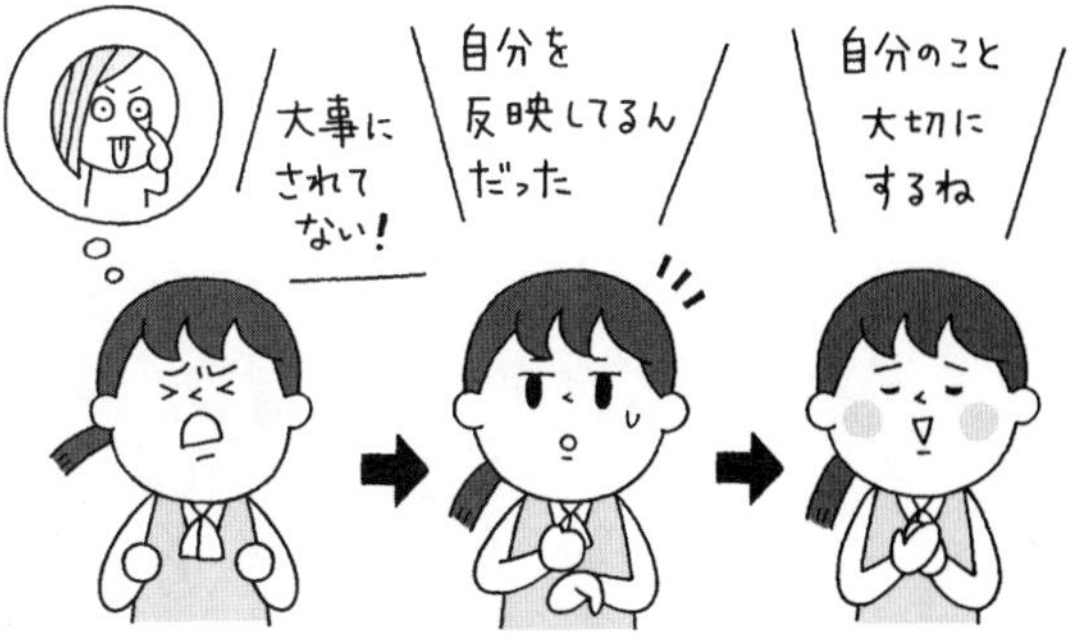

大事にされてない！
自分を反映してるんだった
自分のこと大切にするね

出勤したい？
本当は自分も、その新入社員みたいに、気ままに生きたいって思っていない？

並子 ……。そうかもしれないけど、やっぱりズルしたりするべきじゃないでしょ。お金をもらって仕事をしているんだから、そういう不誠実なことはするべきじゃないよ。

成実子 私はあなたが「どうあるべきだと」思っているかについて聞いているんじゃないわ。どうしたいと思っているのかを聞いているの。

並子 どうしたいか……。う〜〜〜ん。

成実子 本当は自分も自由気ままに生きてみたいって思ってない？　それなのに、そんなことしたら、ますます人から受け入れられなくなりそうで怖くて、それを自分に禁止してきたんじゃないの？

並子 ……。なんか責められているみたい。

成実子 責めてるわけじゃないのよ。前に話したと思うけど、**自分の本心に気づいている**

ことがとても大事なことなのよ。**本心がわかれば、どう生きればいいのかもわかるから**。これはとっても大事なことなのよ。

並子　わかった。確かにその通りだよ。サボったら、ますます自分なんていなくていいって思われるんじゃないかって思ってた。だから無理して頑張ってきた。だけど本当は、私も自由気ままに、やりたいときだけ仕事できる境遇だったらいいのになあって思ってる。

成実子　よかった。自分の本心を認めたじゃない。自由気ままに、自分のペースで仕事がしたい。それがあなたの本心なら、そういう仕事をしていいのよ。そういう仕事のスタイルもあるから。それが自分にとって一番楽で、一番力を発揮できるスタイルなんだから、むしろそういう仕事をするべきなのよ。

並子　えええ？　そんなことが私にできるのかなあ？

成実子　できるのかなあじゃなくて、やると決めるのよ。だってそうでしょ。**あなたが気持ちよくて楽しい状態であることが波動の高い状**

態なのよ。その状態で生きることが最高に幸せになる生き方なら、それを自分に許していいに決まってるでしょ。

並子　私も自由なスタイルで仕事をするようになってから、桁違いに収入もアップしたし、価値のあるものを世の中に創造できるようになったわ。

成実子　私にそれができるのかな……。

　まだそんなこと言ってるの？　できるに決まってるじゃない。誰あろう、もう一人のあなたである私がそれを実証してみせているじゃない。

並子　そうか！　私にもそれだけの力があるってことね。なんだかおなかの底から情熱が湧き上がってきた。

成実子　そういう人生を生きようってこぶしを突き上げて決意したくなったよ。

並子　ふっふっふ。もう一度メガネをかけて自分の波動の色を見てみて。

成実子　あああ！　きれいな情熱の赤だ！

　そうよ。怒りからこうして濁りを取ったら、情熱になる。

自分の中に怒りが湧き上がったら、こうしてその怒りの出どころをよく見つめ直

並子

すの。それによって、自分が本当はどうしたいのか、どう生きたいのかが見えてくる。それが見えてきたら、自分の人生をもっと幸せになる生き方に転換していいんだって認める。そうすれば情熱が湧き上がってきて、「よ～～し、やってやる！」って前向きになれる。そうなると波動も高まり、宇宙がそういう環境を本当にあなたに与えてくれるようになるのよ。とっても素敵なことでしょ。

なるほど、怒りってそんな使い道があったんだ。

苦しみから濁りを取ると、癒やしになる

並子　ねえねえ、成実子さん、じゃあ苦しみはどうすればいいの。私はず～っと、こんな自分がイヤでたまらなくて、このまま人生終わってしまったらどうしようって苦悩してきた。

今はこうして成実子さんにいろんなことを教えてもらって、人生が開けてきたけれど、そういう苦悩を抱えているときはどうしたら波動を高められるの？

成実子　いい質問だわ。じゃあ、ちょっと前までの、40過ぎで貯金もないし、結婚もしてなきゃ、彼氏もいない。取り立てて何ができるってわけでもないこんな私なんてイヤだって思っていた頃の気分を思い出してみて。

並子　なんかヤなフレーズだなあ（笑）。でもそんなふうに自分のことを思ってたのは事実だもんね。その波動をメガネをかけてどんな色に見えるか見てみなさいって言うんでしょ。

成実子　その通りよ。やってみて。

並子　……。うわあ、水彩絵の具の筆を洗ってたバケツの中の水の色みたい。

成実子　素晴らしい表現力ね（笑）。あなたにはそういう才能もあるのね。

並子　なんか、うれしいような情けないような……。それにしても汚い濁った緑だなあ。ドブ川みたいだよ。

成実子　そうね、濁った緑色ね。でもね、この苦悩も無駄にはならないの。**今のあなたは、どんな自分でも愛すればいいということを学んだ。ありのままの自分が実は素晴らしい人間であることにも気づいた。**人にはみんな背景があって、表には出さなくても、内側にはその人なりの痛みを抱えながら生きていて、同じ人間なんだって思えるようにもなってきた。そして人に対して慈しみの気持ちも持てるようになったでしょ。

並子　本当に成実子さんのおかげ。感謝してます。

成実子　ちょっと前のあなたと同じように、**自分なんて生きててもなんの価値もないんじゃないかって苦しんでいる人は、意外にたくさんいる**のよ。そう見えないように、必死に隠しているけれどね。

でも、**そういう痛みを体験してきた人だからこそ、苦しんでいる人の気持ちも理解できる。**

そして**自分がその状態から抜け出せたら、そういう人たちの力になることだってできるわ。**

私だってそうだったのよ。私もあなたと同じように、自分なんてなんで生きてるんだろうって思っていた。生きてることが苦痛でしかなかった。途中まではあなたと同じ人生だったのよ。

高い理想を自分に突きつけて、自分を罰し続けたって、少しもいいことがなかったじゃないかって思った。だからそういう理想を全部捨てたの。もうどうでもいいやって。ここから先は自分の好きなことだけして生きていこうって決めたの。

そしたら人生に大転換が起こった。

自分が本当に楽しいって思えることだけしていったら、なぜか人が集まってくるようになって、結果的にたくさんの人に勇気や希望や歓びを与える仕事をするようになっていった。だからあの秘密の会員制ホテルのメンバーにもなれたのよ。

並子　ええ〜〜〜？　あれってただの夢じゃなかったんだ。別の時空で本当に現実化していたことだったたってこと？　ビックリだよ。それにしても同じ人間なのに、何なんだよ、この開きは。

成実子　何言ってるの。今は、**あなたがたくさん苦しんできたことも、同じように苦しんでいる人の大きな力になりうる**って話をしてるんじゃない。

まあ、いいわ。じゃあ苦悩がどうして起こるのかっていう話をするわね。

苦悩しているときはね、やらなくていいことをしているっていう宇宙からのサインなのよ。

「その生き方では幸せになれませんよ」って宇宙が教えてくれているってこと。

私は途中まであなたと同じ生き方をしていたから、よくわかるわ。

高い理想を突きつけて、いつまでたってもその通りにならない自分にイラ立つ生き方って、自分を幸せにしていなかったでしょ。

苦悩は、自分を苦しめるようなことをしているということに気づく大きなチャンスなの。

苦悩を人のせいにしたり、環境のせいにしたりしたくなるけど、そうじゃない。自分の価値観や選択が間違っていることを認めるの。

そうすれば、自分の選択を変えることもできる。

人や環境のせいにしているうちは、人生の選択権を人に明け渡しているのと同じ。選択権を取り戻すためにも、自分の選択が間違っているということを認めたほうがいいわ。

そして**本当はどうしたいのかを見つめ直して、それを生きることを自分に許せばいい。そうすればいつだって人生は転換できる**わ。

並子

確かにその通りだね。今なら本当にあの頃の自分が、どんだけ自分に鞭打ち、いじめてきたかわかるよ。一生懸命生きている自分をただあるがままに認めてあげればよかったのにね……。そのことがわかって、本当によかったよ。

成実子

そうね、きっとあなたはますます自由になり、ますます幸せになっていくわ。もう一人のあなたである私がそれを体現しているんだから、私自身がその証拠よ。

でね、その**苦しみの奥にある自分を不幸にする生き方に気づいて、自分を抱きしめられるようになったら、本当の癒やしが起こる。**
今のあなたならそのこともわかるわよね。いじめてきてごめんねって気持ちになって、もう一度メガネをかけてみて。

並子　うん。本当に自分を叱り続け、罵倒し続けて、どれだけ苦しめたことか……。ごめんね、私。もうそんなことしないから、許してね。

成実子　メガネをかけてみて、どんな色に見える？

並子　あっ、きれいなエメラルドグリーンだ。新緑の色ともちょっと違う。青みがかった宝石みたいな色だ。きれいだなあ。

成実子　そうよ。苦悩から濁りを取ったら、癒やしになるの。
苦しみを感じているときは、苦しみの奥を見るの。どういう価値観が、どういう生き方が自分を苦しめているのかはっきり見て、それをやめる。
そうすれば、その途端に自分が癒やされる。そしてもっと楽に幸せに生きられるようになるのよ。

そして**楽に生きられるようになったら、あなたと同じように苦しんでいる人に、どうすればそこから抜け出せるか教える**こともできる。私のようにね。

それに、たとえ言葉で教えることができなくても、そんなあなたのそばにいるだけで、人はなんだかほっとして、癒やされるものよ。

真一さんだって、そんな気持ちになったから、あなたのことを「コタツみたいだ」って言ったのよ。

並子さんもすでに、そんな癒やしの波動を発し始めているのよ。

憎しみから濁りを取ると、慈悲になる

成実子 憎しみは、メガネで見ると暗いグレーに見えるのよ。でも怒りや苦悩と同じように、**憎しみもそこから学べる感情**なのよ。

並子 私、さとこさんのことを一瞬憎んだ。そのとき発していた波動の色は、きっと暗いグレーだったんだろうなあ。

成実子　そうね。だけどさとこさんの背景を知ったら、彼女の痛みを自分の痛みのように感じて、つらかっただろうなあって思えたでしょ。

並子　うん。さとこさん、本当にさびしくてやりきれない思いを抱えながらずっと生きていたんだろうなあって思ったら、本当に胸が痛んだ。

成実子　今、そんなさとこさんのことを思い出して、メガネをかけてみて。

並子　あああ？　シルクの真っ白な布みたいな輝きのある白に見える。

成実子　それが慈悲の色よ。羽衣みたいなやさしい輝きのある白。本当に美しいわ。

憎しみの感情が湧いたときは、相手にもそうしたくなるだけの背景があるんだって思ってみれば、スクリーンですべてを見通せなくても、慈悲の波動に変えることはできるのよ。

ひどいことをされたら、なかなかそういう気持ちになれないときもあると思うけど、そういうときは無理しなくてもいいの。思いっ切り大声出したり、枕を殴ったり、人に危害を与えないやり方でそれを吐き出せばいい。

そうやって吐き出して落ち着いたら、あの人も内側に大きな苦しみを抱えているのかもしれないなあって思ってみる。

並子 そうだね、**憎んでいるより、相手を思いやってるほうが、やっぱり安らいだ気分になれる**しね。

成実子 そうよ。スクリーンに映像を映し出すには、相手に対する愛がないとダメだったでしょ。
相手に対して本当に愛を持って理解しようとする気持ちがあれば、スクリーンに映し出された情報ほど詳細にはわからないかもしれないけれど、相手の背景をある程度リーディングすることもできるわ。
そうすれば、ますます相手に対して思いやりを持てるようになる。
愛に満ちた慈悲の波動は当然高い波動だから、慈悲の波動になると、宇宙の波動とも同調できるようになる。それによる宇宙からの恩寵は、実はとっても大きいのよ。

並子 相手に対して慈悲の心を持てるようになったら、それが外の世界に反映するわけだもんね。どんな恩寵があるのかわからないけど、自分自身のためにも、あの美しい白い光に見える波動を発していたいなあって思ったよ。

波動は変えられる

成実子 波動って、自分の意識次第で変えられることがわかったでしょ。メガネがなくても、色で見たことによって、どういう感情のときにどういう波動になっているかは以前よりもわかるようになったと思うの。

並子 そうだね。今は、メガネをかけなくても自分がどういう波動なのか以前よりもわかるよ。

成実子 素晴らしいわ。これからは自分が今どういう波動なのかを意識するように心がけて。

自分の発している波動がどういう波動かがわかったら、波動を変えることもできる。最高に幸せな人生を生きることのできる、愛や歓びや慈悲の波動に調整するようにすればいいの。

並子

どうすればいいのかが、わかってきたでしょ。

具体的な手順はこうよ。

まず、感情に飲み込まれる前に立ち止まって、自分が今どういう波動になっているかに気づくこと。冷静になれないときは、安全な方法でそれを吐き出すこと。

次に、ここまで教えてきたように、その感情の奥にあるものを見つめる。

怒りなら、自分も本当はそうしたいのに、禁止しているものはないか自分に聞いて、禁止を解くこと。

憎しみのときは、相手の背景を感じてみる。誰もが自分と同じように必死で生きている人間なんだって思ってみる。

そして苦悩のときは、どういう生き方が自分を苦しめているのかをはっきりさせ、そんな生き方をやめること。

でも、たとえどんな波動であったとしても、自分を責めないでね。気づくだけでいいの。気づけば落ち着いて波動を変えることができるから。


うん。意識することが大事ってことね。今までは自分がどういう波動か全然意識していなかった。そして感情に振り回されて、ますますネガティブなスパイラルにハマっていたけど、これからはちゃんと意識するようにする。きっとできると思う。

成実子 よかったわ。**「波動は自分で変えられる。幸せになる波動に意識を向ける」**っていう回路にエネルギーが流れているのが見えるわ。
幸せになる道具を浸透させる準備が整ったみたいね。

並子 お願いします。

成実子 それじゃあ軽く目を閉じて。
幸せになる道具を潜在意識に浸透させるわね。

並子 ありがとう。なんだか何があっても揺るがない大きな山のような安定感を感じるよ。私、きっと波動を高めに安定させられると思う。
成実子さん、本当にありがとう。

仕上げのワーク

自分の波動に意識的になるメガネを潜在意識に浸透させよう

お話の中に出てきた幸せになる道具を、これからあなたの潜在意識にも浸透させていきます。ダウンロードしたパワーアートを見ながらやってみてください。

1

背筋を伸ばして座り、
手足を組まずに
両足の裏を床につけ、
手のひらを上に向けて
ひざの上に置きます。

2

軽く目を閉じて、
深呼吸を繰り返し、
心を鎮めます。

3

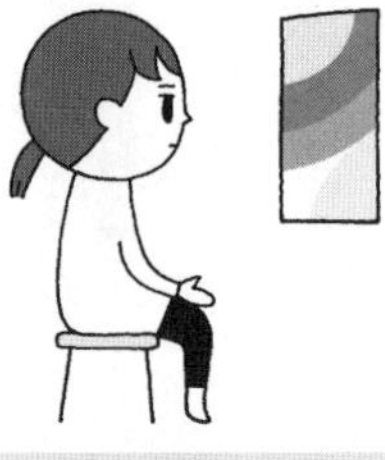

パワーアートを
無心に見つめます。

4

眉間《みけん》の中央にある
第三の目に意識を
軽く集中します。
※あまり力を入れると頭が痛くなるので、軽く向けるだけでいいです。

5

私は
自分の波動に
なり
意識的に
幸せになる波動を
選び続けます
これから
私はこちらの
価値観を採用
すると決め
ました

「私は自分の波動に意識的になり、幸せになる波動を選び続けます」「これから私はこちらの価値観を採用すると決めました」と強く意図します。

6

その象徴であるメガネが第三の目に浸透していくのを感じます。

7

ありがとう
ございます

1〜2分そのまま浸透させたら、宇宙に感謝して終了します。

猫の神様の
ニャンポイント
アドバイス

感情との上手な付き合い方の
ポイントをまとめるニャ

ポイント 1	感情を抱くと、その感情特有の波動を発する。言葉で何を言おうと、その波動は人に伝わっているんニャ。
ポイント 2	飲んだり、楽しんだり、リラックスしたり、あんたにとって気分のいい状態は、宇宙の波動に近いから、宇宙の無限の恩寵を受け取りやすくなるんニャ。
ポイント 3	誰かに怒りを感じているときは、その怒りの出どころをよく見ることで、自分が何を大事にしているかをはっきりさせることができる。でもそれだけじゃニャい。時にあんたが本当は望んでいるのに自分に許可していないことが何かも教えてくれる。そんな制限はさっさと外していいんニャ。
ポイント 4	苦悩は、その生き方は間違っているという宇宙からのサイン。憎しみは、相手の背景を思いやることで慈悲に変えられるんニャ。波動は意識することで変えられる。幸せになるほうを選ぼう。

感情は波動を発するニャ
高い波動はそのままに
低い波動は気づきに変える
ことが大事なんだニャ

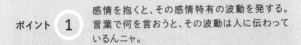

CHAPTER

5

たとえ
リスクがあろうと
魂の歓びに
飛び込む人は
大成功していく

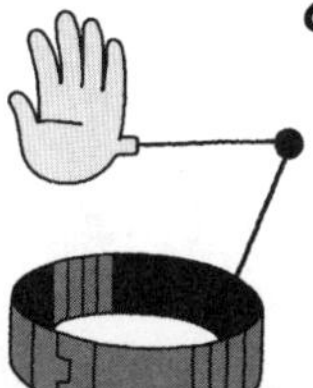

[幸せになる道具・4]
リスクに飛び込ませる背中押し棒

あれっ？ やりたいことがどんどん浮かんでくる

並子 成実子さん、私、最近なぜかやりたいことがどんどん浮かんでくるの。正社員に登用されることが決まってるけど、本当は会社員なんてもうやりたくない。それより……ちょっと笑わないでね。「ぬくぬくセラピー」っていうのをやってみたくなってきたの。そんなの聞いたことないでしょ。でもさあ、疲れている人たちをすご〜〜〜く癒やせる気がしてならないのよ。

成実子 アハハ。何、それ〜〜。面白そうじゃない。「ぬくぬくセラピー」って、あなた独自の発想？

並子 そうだよ。宇宙とのつながりがよくなったせいか、どんどん構想が湧き上がってくるんだよね。今までこんなことなかったのに。以前は、やりたいことを仕事にして成功している人を見て、自分も何かやりたいことを見つけなきゃって焦ってたけど、何も浮かんでこなかった。

それなのに今は、教えてくれって頼んだわけでもないのに、どんどん構想が湧いてくるんだよね。

これももしかして、幸せになる道具を潜在意識に浸透させたおかげかな？

本当に不思議でならないよ。

成実子

いいこと教えるわね。**すべての人には大成功のタネがある**のよ。タネって、何かを学んだり、教えてもらったりしないと芽を出せないわけじゃないでしょ。環境が整っていれば、ちゃんとベストなタイミングで発芽するようにできている。

大成功のタネもそれと同じなのよ。

自分のことを愛せるようになってくると、自分の意識と宇宙が自動的に連動し、放っておいても大成功のタネが芽を出すようにできている。

何がやりたいかは人によって全然違う。こういう生き方こそが成功だって世間で言われているステレオタイプの枠に収まらないものなの。

私のように人に感動と癒やしの体験を与える施設を経営することが天職の人もい

れば、家庭に入って主婦になることが天職の人もいる。結婚だってそれが合っている人もいれば、合っていない人もいる。自分に一番フィットする「やりたいこと」があるのよ。決まった形なんてないの。

だからあなたのように、今はまだ世の中には存在していないようなものをやりたくなる人だっている。そしてその構想がどんどん湧き上がってくるっていうことも大いにありうることなのよ。

あなたにも、いよいよ大成功のタネが発芽するときが来たってことよ。

並子 わ〜〜〜い♪　じゃあ、このあふれかえる構想は、頭がおかしくなったってわけじゃなかったんだね。

成実子 そうよ。極めて正常な状態よ。自信を持ってあなたのやりたいことを実現していくときよ。

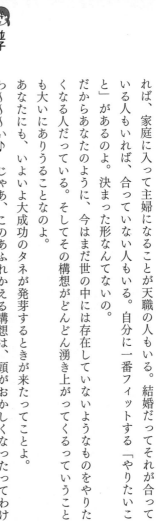

構想はスケッチブックに書く

並子 そう言われて、勇気100倍だよ！　だけど、せっかく正社員に登用するって言ってくれている会社にちょっと悪い気もするんだよね。それにすぐに私のやりたいことをやってお金が稼げるようになるわけでもないだろうし、あまりに突拍子もない発想で、自分でもどうすればいいのかよくわからなくて……。

成実子 ところで、その「ぬくぬくセラピー」ってどういうものなの？

並子 あのね。人って温められてリラックスすると、心も体もほぐれて癒やされると思うんだよね。温泉にもそういう効果があるじゃない。でも私が考えている「ぬくぬくセラピー」は、とっても肌触りのいいふわふわの毛布やタオルにくるまれて、のんびり縁側で日向ぼっこしながら昼寝するっていうセラピーなの。猫の貸し出しもアリにしようと思ってるんだよね。へへへ。

成実子 ちょっとちょっと。面白いこと考えてるわねえ。私の施設でも採用したいくらいだわ。

並子 実はね、私が生きてるのがイヤで、もう何もしたくないっていじけていたとき、たった一つ、ほっとできたのは、ベッドの中で布団にくるまってぬくぬくしていることだったんだよね。

そんなだらだらしてるヒマがあったら、資格を取る勉強でもすればいいのに。何やってるんだよ！って心の声が聞こえてきたりしたけど、そのときは、そういうことをいったん全部忘れようって決めた。

今は心が疲れてるんだから、あったまって、思いっ切りぬくぬくしよう。

そんなふうに決めて、徹底的にぬくぬくしていたら、疲れてた心に灯がともって、また元気出して頑張ろうっていう気になれた。

今の私は、成実子さんのおかげで、幸せになるためにどうすればいいのかわかってきて、人生も変わってきた。

でも私と同じように、疲れている人もきっとたくさんいるんだろうなあって思って。だけど一人でのんびりぬくぬくできる環境がない人もいると思うし、ぬくぬくのための最高の環境を一人で用意するのも大変でしょ。

だからこっちでそういうモノは全部用意して、思いっ切りぬくぬくしてもらって、心も体も癒やすことができたらいいなあって思ったんだよね。

成実子 へぇえ、いいじゃない。確かにぬくぬくしていると、心も体も癒やされる気がするわ。

並子 でしょ〜〜〜♪　私の経験からいって、一人になれたほうがいいと思うんだよね。隣にイビキかいて寝てるおっさんがいたら、いくらぬくぬくしてたって気になっちゃうからね。

だから、個室にして徹底的にぬくぬくできる環境にしたいんだよね。

オプションプランの構想も浮かんできてて、やりたくてたまらなくなってるんだ。

成実子 いいわねえ。まずは、その構想を全部書き出しておくといいわ。

小さなノートじゃなくて、大きめのノートか、私がオススメするのはスケッチブック。文字だけじゃなく、たとえばぬくぬくするためのお部屋の間取りとか、部屋に置きたいものとかをイラストで描いたりすると、ますます構想が広がるのよ。

並子 スケッチブックねえ。そんなことしたこともなかったよ。

成実子　もちろん、普通の手帳やノートに書いてもいいんだけど、そういうサイズのものは、たとえば電車に乗っているときに突然浮かんだ構想をメモするくらいに使って、全体像はスケッチブックに書くようにするの。**大きな紙面に大きな文字で書いていると、気持ちものびやかになってきて、ますます構想が湧き上がってくるし、やってるだけで楽しくなってくる。楽しくなってくるということは、宇宙の波動ともますます同調するようになるから、アイディアが降りてきやすくなるだけじゃなく、チャンスも受け取りやすくなる**のよ。

並子　そうなんだ。じゃあさっそく買ってくるよ。

> **魂の歓びを表現するだけで、お客さんは放っておいても来る**

並子　成実子さん、スケッチブックに構想を書き始めたら、どんどんイメージが広がってきて、できたら関東近郊で日帰りできる縁側のある一軒家でやりたくなってき

成実子 た。もうその絵が見えてるんだよね。

並子 いいわねえ。リアルなイメージで見えているということは、その波動も宇宙に向かって強く発信されているっていうことだから、現実化も時間の問題よ。

成実子 時間の問題？　ってことはすぐにでも実現するかもしれないってこと？

並子 すぐかどうかはわからないわ。でもそんなに遠くない将来に形になると思うわよ。**宇宙がベストなタイミングでやってくれるから。こっちからせっつく必要はない**のよ。

成実子 でもさあ、やりたいことのイメージはできているけど、どうやってお客さんを集めるのか何も決まってないし、会社にも辞めるってまだ言ってないしなあ。当面の資金もないし、どうしたらいいんだろう。

並子 あなたは今の仕事を続けたいの？　本当は自由気ままに仕事したいと思っていたことに気づいたわよね。

成実子 うん、本当はもう会社勤めなんてしたくない。自分のペースでできる仕事がしたい。

成実子　だったら自分にその環境を与えてあげることよ。

並子　そりゃあ、与えたいのはやまやまだよ。でもそんな一軒家を借りるお金もないし、どうしよう……。

成実子　できるところから始めてしまえばいいのよ。

並子　できるところからって？

成実子　あなたはそれをやりたくてたまらないんでしょ。今すぐにでもやってみたいんでしょ。だったらできるところから始めてしまったほうが流れに乗りやすくなるわよ。たとえば、今住んでいる家でやるとか、あるいは宿泊ができる研修施設の中で、「ぬくぬくセラピー」ができそうな場所を探して、そこでやってみるとか。

並子　確かに、今すぐにでも仕事を辞めて、「ぬくぬくセラピー」に関わることがしたくてたまらないのは事実だよ。

成実子　そう思ったら、今の家でもいいし、研修施設を借りるっていうのも手だね。

並子　そうよ。まずお客さんが一人でもいいからやってみることなのよ。

成実子さんは、どうやって今の施設にお客さんをたくさん呼べるようになったの？

成実子

私も最初は自分の部屋から始めた。いくつかあるバーチャルリアリティのシーンを選んでもらって、非日常体験をしてもらっていた。

うちの売りは、バーチャルリアリティで非日常体験ができるだけじゃなく、それによって癒やされたり、発想が豊かになったり、元気が出たり、様々な効能のある体験ができるところなの。そんなところはまだなかった。

フェイスブックでそういうことを始めましたって投稿してしばらくしたら、たった一人お客さんが申し込んできてくれたの。

うれしくてたまらなくて、私にできる最高の体験をしてもらったわ。

そしたらその人が腰を抜かすほど感動してくれて、自分の友達にどんどん紹介してくれたの。そこから飛躍的にお客さんが増えていったわ。

そんなお客さんの中にテレビのプロデューサーがいて、その人がぜひテレビで紹介させてくれないかって言ってきて、テレビで紹介されたの。

そしたらそれを見ていた投資家が私のところに訪ねてきて、資金を提供するから、もっと大規模にやらないかっていう話になって。今はその人が共同経営者になってくれてとても助かってるわ。おかげで世界的な規模で広がり、今もどんどん事業拡大を続けているのよ。

並子　す、す、すごすぎる……。自分の分身が、違う時空ではそんなことになってるなんて、それこそ腰を抜かしちゃうよ。

もしかして、あの夢に出てきた虹の根元に突入するアトラクションていうのは、バーチャルリアリティだったの？

成実子　そうよ。そういうソフトを自分で開発したのよ。

並子　成実子さん、そんなソフトまで開発できるんだ。

成実子　今はたくさんの優秀なスタッフがやってくれているけどね。

でもね、そんな私でも、最初は自分の部屋から始めたんだから、今のあなたと同じよ。

つまり、**やってる本人が魂の底から歓びを表現しているなら、お金をかけて宣伝しなくても、その波動に人は惹きつけられて、ちゃんと集まってくる**のよ。この話、前にもしたわよね。

並子 うん。思い出した。あのイタリアンのシェフみたいに、好きでたまらないことに熱中して、最高のものを提供することが歓びっていう波動ね。
確かなんの色もなくて、宇宙の叡智と一つにつながっていた。

成実子 そうよ。魂の歓びを表現している状態なら、人は集まってくるし、宇宙はここぞとばかりにミラクルを連発してくれるわ。
テレビで紹介されるだけでもビックリだったけど、それどころか、優秀な投資家がビジネスパートナーになるなんて、想像さえしなかった。
宇宙と一つにつながっていれば、そんなことだって当たり前のように起こるのよ。

並子 じゃあ、私にもそういうことが起こる可能性があるってこと？

成実子 もちろんよ。
だけどそのためには、あなた自身が魂の歓びを生きていないとね。

捨て身になったとき、宇宙はミラクルを起こす

並子　魂の歓びを生きるって？

成実子　つまり、**自分に正直に、本当にやりたいことだけして生きる**ってことよ。それにはリスクがあるけれど、**魂の歓びに従えば従うほど、愛と歓びが極まった宇宙の波動と同調するようになる。**そういうの怖い？

並子　もちろん私も成実子さんみたいになれたらいいなあって思うけど、その踏ん切りがなかなか……。

成実子　私にできたってことは、あなたにもできるってことよ。そんなあなたにぴったりの幸せになる道具があるわ。リスクに飛び込ませる背中押し棒よ。

並子　何それ？　ありがたいような、ありがたくないような……。

成実子　この棒はね、あなたの魂が望む方向にのみ背中を押す棒なの。

魂が望んでいない単なる危険なことには飛び込ませないから大丈夫よ。

でも魂が望んでいるのにグズグズしてると、背中を押されて思わずやってしまう。面白いでしょ。どう？　使ってみる覚悟はある？

並子　…………。安全確実っていうのはよくないことなの？

成実子　いいえ。それも選択肢の一つだし、どうしてもリスクに飛び込めないなら、それもその人の人生だと思うわ。

でも私は、自分の可能性をどこまでも開いて、見たことのない景色を見てみたいと思った。いつまでもこの会社にいたんじゃ、それはできないと腹をくくった。

それで、まだ先の見通しなんて何も立っていないのに、思い切って辞めて、魂の歓びに懸けて、とにかくできるところから始めてみたの。そしたらさっき言ったような驚くべき展開が起こったのよ。

今はどうしてそんなことが起こったのか、よくわかる。

宇宙は片時も止まっていないの。人間が作り出せるスピードなんてはるかに超えた超高速で動き、広がっている。つまり、常に大きなエネルギーを動かしているってこと。

ということは、**私たち人間も、大きくエネルギーを動かすほど、宇宙の波動と同調することになる。そうなれば想像を超えるミラクルだって起こって当然**なんだってわかった。だからこの背中押し棒を使ってでも、リスクに飛び込むことはとても意義のあることだと思ってるの。

並子

わかった。私も自分の可能性に懸けてみる。その棒、使わせてもらう。
なんだかチャレンジすることにワクワクしてきたよ♪

幸せになる道具 その4

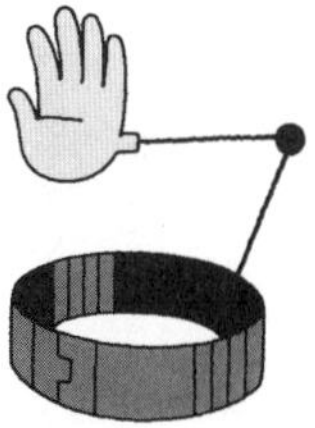

リスクに飛び込ませる背中押し棒

魂の望むことを感知し、そのことを後押ししてくれる棒。背中を押すだけでなく、行きすぎた行動や発言をした場合は、つねってもくれる。

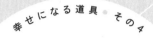

会社を辞めたくらいで即死しない

並子　やりたいことは見えてるし、昨日いろいろ調べて、ちょうどいい研修施設も見つかった。できないことじゃないよな。あと3カ月だけ仕事して、少しはお金を貯めて、そこから本格的に始めよう。さあ、背中押し棒、私の背中を押してね。今日は部長に辞めるって言うから。

——出社して、さっそく部長に面談を申し入れる並子。

並子　部長。正社員に登用してくださるという、本当にありがたいお話をいただいたのですが、実はやりたいことが出てきて、そっちに人生を懸けようと決意しました。それで退職させていただきたいのですが。

部長　並子さん、まるで別人だなあ。なんだかとっても生き生きしてるね。うちとしては君に正社員として活躍してもらいたいと思っていたけど、なんだかここに引き留めておくことは違うようだな。ただ後任も探さないといけないから1カ月は待ってくれないか？

並子　はい。承知しています。ただ1カ月後には辞めたいと思っておりますので、よろしくお願いいいたします。

（うっわ！　3カ月後に辞めるつもりだったのに、1カ月後って言ってるよ！　背中押し棒、恐るべし！）

部長　君の意向はわかったよ。で、何をしようと思ってるんだ？　よかったら教えてくれないか？

並子　（えっ、部長にそんなことまで言うのかよ！　うっわ！　背中押し棒がまたまた押してるよ！）
はい、疲れている人を癒やして、心も体も癒やされる「ぬくぬくセラピー」というのを始めようと思ってるんです。

部長　なんじゃそれ？　聞いたこともないぞ。

並子　はい、私が独自に考えました。
リラックスできる音楽を選んでもらって、肌触りのいい毛布やタオルにくるまって、イヤなことを全部忘れて、自由にゆったりぬくぬくしてもらうんです。誰にも邪魔されずに、一人で思う存分ぬくぬくする。
まるで羊水の中にいたときのような安心感に浸ってもらいます。それによって心も体も癒やされる。そんなサービスを提供しようと思っています。

部長　へええ。よくわからんけど、私もちょっとやってみたい気もするなあ。
私ももっと若かったら君みたいにチャレンジしたかったな。
あっ、そうだ。そんなにたくさんは出せないかもしれないけれど、長いこと仕事をしてくれていたから、金一封くらいは出すつもりだから。

並子　本当ですか！　何から何まで、本当にありがとうございました。

――部屋から出て、デスクに戻る並子。

並子　部長があんなに物わかりがいいとは思わなかった。その上、金一封まで出してくれるなんて、想像もしなかったよ。
なんか調子いいなあ。エネルギーを動かすと、展開が確かに速いんだね。

もしこれでうまくいかなかったとしても、また派遣をやればいいだけのこと。会社辞めたくらいで即死するわけじゃないし。なんとでもなるよな。

今、すごくスッキリして、パワーもみなぎってる。やれる気がしてる。

宇宙とつながると、習ってもいないことができるようになる

——無事退職した並子。会社からの金一封は、なんと100万円も！　これが成実子の言っていた宇宙がくれる想像以上のミラクルなんだと実感。

さっそく「ぬくぬくセラピー」のための備品を購入。

心と体にやさしい飲み物の研究もし、効用別のハーブティーを自分で独自にブレンドしてみた。

夢中で「ぬくぬくセラピー」の開業準備に没頭する並子は、宇宙ともつながるようになり、驚くべきことに、宇宙からの大容量の情報を、直感を通して一瞬で受

け取れるようにもなり、様々な能力が開花し始めた。

並子　成実子さん、もうビックリだよ。私、どうも最近宇宙とつながってるみたいで、いろんな情報を一瞬にして受け取れるようになってきた。癒やしのエネルギーを流せるようにもなってきたし、スクリーンを使わなくても、相手の背景がわかるようになってきたよ。

だから開業したら、ぬくぬくしてもらう前に、トラウマを透視して癒やすこともやろうと思ってるんだよ。

成実子　素晴らしいわねえ。どんな自分をも受け入れられるようになってきて、自分の波動をしっかり高めに安定させられるようになれば、そういうことが起こって当然なのよ。

私たちはみんな、無限の宇宙とつながっていて、宇宙の無限の引き出しから、能力もアイディアも引き出すことができるのよ。

まさにそれが自動的に起こっているの。よかったじゃない。

まだその力を活用できる人は少ないけど、知ってる人はみんな知っている。

練習しなくても、突然できるようになるってことがあるのよ。

宇宙とつながってしまえば、そういうことも普通に起こる。

あなたにもそれが起こり始めているってことね。

並子 そうなんだ。とにかく毎日「ぬくぬくセラピー」に没頭しているのが楽しくて楽しくて。早くたくさんの人にこのサービスを提供したいよ。

――様々なSNSに手当たり次第に、「ぬくぬくセラピー」の投稿をする並子。

並子の魂の歓びにあふれた投稿や面白動画はシェアに次ぐシェア。あっという間にフォロワーは1万人を超えた。

開業すると順調に客足は伸び、「ぬくぬくセラピー」によって心も体も軽くなったという評判が広まり、次から次へと申し込みが入るようになった。3カ月後には、派遣をやっていた頃の収入を軽く超えていた。

やがて旅館一棟を貸し切りにして「ぬくぬくセラピー」を開催。ますます評判を呼び、テレビやラジオ、雑誌などにも取材されるようになった。

そんな中、とある温泉旅館から、閉館することに決めたので、並子のやっているる「ぬくぬくセラピー」の拠点として使ってもらえないかという話が舞い込んだ。破格の値段で旅館を売りに出すから、できれば買ってほしい。従業員の何名かは、そのまま雇ってもらいたいという申し出だった。

「ぬくぬくセラピー」の様々なサービスを常時提供できるようになるし、じっくり癒やされたい人向けの湯治も兼ねた宿泊プランまで提供できる。宇宙の与えてくれるミラクルは、またしても想像を超えていた。

そこでまた背中押し棒が背中を押す。

並子は思い切って銀行から融資を受けて、その旅館を買い取ることにした。

さらに充実したサービスを提供できるようになり、ますますお客さんも増え、サービスも充実していった。

「ぬくぬくセラピー」に心から共感してくれた元温泉の仲居や客室係の女性たちに、並子は癒やしの光を流す方法や、相手の背景をリーディングする方法を教え、ヒーラーとしても稼働してもらうようにした。板前さんたちには、オーガニック素材を使った体にやさしい料理を研究してもらい、さらに作った料理に癒やしの光を注入する方法を教えた。彼らは自分の持っている力を並子によって引き出されたことをとても歓んでいる。

旅館の従業員だった人の多くは50代や60代だったが、生き生きと歓びを持って仕事をしていた。並子はそんなスタッフと心を一つにしてさらに新しいサービスを一緒になって考え、次々と提供していく。

また、近隣の知られざるパワースポットを巡ってパワーチャージするツアーや、地元のお寺とコラボして、お堂で瞑想したり、日向ぼっこするプランを企画したりして、地元の人たちとも親交を深めるようになっていった。

そしてその温泉地自体を、「ぬくぬくセラピー」の一大拠点として再開発していこうという観光組合長の提案のもと、癒やしの目的別に旅館やホテルが運営されるようになり、廃《すた》れていたその温泉地は、V字回復していったのだ。

そして今や、全国の温泉地からも視察が入るようになり、「ぬくぬくセラピー」の拠点が全国規模で広がりそうな気配を見せている。

並子

成実子さん、私もう、この背中押し棒いらないわ。勇気を持って飛び込んだほうがいいってことが十分わかったから、この棒に押されなくても自分から飛び込めるようになったもの。

成実子

やっぱりあなたは私の分身ね。私とは違うやり方で人が癒やされ、元気になる施設の経営をするようになったものね。
いつもなら、幸せになる道具をあなたの潜在意識に浸透させるんだけど、わざわざそんなことしなくても、もう十分に浸透しているようね。

並子

うん、本当にありがとう。毎日いろんな「ぬくぬくセラピー」のプランを構想してるのが楽しくてしかたないよ。スタッフもみんな熱心にやってくれているし、彼らも自分の仕事に誇りを持ち、目を輝かせてやってくれてるよ。
この間は、仲居さんだった人に、新しい施設の運営をまかせることにしたんだ。
彼女は自分がホテルの運営に回るとは夢にも思わなかったって歓んでた。
私と出会って一緒に仕事をしているうちに、自分の持っている力がどんどん引き出され、今は自分にそれができないことじゃないと思えるようになったって言ってた。

私はみんなに豊かになってもらいたい。働いている人にも幸せであってほしいんだよね。

私が成実子さんからいろんなことを教えてもらってここまで来たように、彼らにも私が伝えられることは全部伝えて、一緒にさらに幸せになり、みんなで面白いことをやっていきたいって思ってるんだよね。

幸せは握りしめずに、バラまくに限る

成実子

その通りよ。よく言ったわ。**自分が幸せになったら、その幸せを分かち合うことが大事なの。そうすると、ますます大きな幸せの循環が起こるようになる**の。

あなたはすでに、自分一人の幸せではなく、自分と関わる人たちの幸せも考えるようになっている。そして、自分が教えることのできるノウハウは、惜しみなく

教えている。

これからもその気持ちを忘れないで。

それこそが魂の歓びを生きているということであり、宇宙と一つになっている状態なのよ。だからきっと、あなたには宇宙からこれからも次々チャンスやミラクルがもたらされることになると思う。

そしてますます発展していくわ。

ちょっとやそっとのチャンスにはもう驚かなくなっていると思うけど、**どんなにレベルの違うチャンスが来ても、ビビらないこと**よ。

あなたは幸せを分かち合うことのできる人。その大きなチャンスをさらにみんな

の幸せにつなげていくことができるから大丈夫よ。
宇宙はそういう人に向かって集中的にチャンスを与えてくれるものなの。

並子

ありがとう、成実子さん。私もここまで来るとは想像もしなかったよ。
でも成実子さんが言ったように、**たとえリスクがあることでも、魂の歓びを基準にして飛び込めば、それがとんでもなく大きく実っていく**ということをたくさん体験したから自信がついた。
これからも、どんなチャンスが来ても、魂の歓びを基準に生きていくよ。
本当にありがとう。

仕上げのワーク

勇気を持って飛び込めるようになる背中押し棒を潜在意識に浸透させよう

お話の中に出てきた幸せになる道具を、これからあなたの潜在意識にも浸透させていきます。ダウンロードしたパワーアートを見ながらやってみてください。

1

背筋を伸ばして座り、
手足を組まずに
両足の裏を床につけ、
手のひらを上に向けて
ひざの上に置きます。

2

軽く目を閉じて、
深呼吸を繰り返し、
心を鎮めます。

3

パワーアートを
無心に見つめます。

怖がることは何もない
魂の歓びに従えば
宇宙が勝手にいい方向に
導いてくれるニャ
福

4

私は
魂の歓びに従い
勇気を持って
チャレンジして
いきます
これから
私はこちらの
価値観を採用
すると決め
ました

「私は魂の歓びに従い、勇気を持ってチャレンジしていきます」「これから私はこちらの価値観を採用すると決めました」と強く意図します。

5

その象徴である背中押し棒が背後からハートに浸透していくのを感じます。

6

ありがとう
ございます

1～2分そのまま浸透させたら、宇宙に感謝して終了します。

猫の神様のニャンポイントアドバイス

やりたいことで成功するためのポイントをまとめるニャ

ポイント 1
誰もが大成功のタネを持っている。どんな自分も受け入れられるようになってくると、そのタネが自然に発芽し、やりたいことがはっきりしてくるんニャ。

ポイント 2
やりたいことが浮かんできたら、スケッチブックに大きな文字で思いつくまま書いたり、イメージをイラスト化したりすると、どんどん構想が広がるぞ。

ポイント 3
魂の純粋な歓びを表現すれば、人はその歓びの波動に惹きつけられて、どんどん集まってくるんニャ。

ポイント 4
本当にやりたいことだけをする覚悟が決まり、リスクに飛び込む勇気を持てば、大成功の流れに乗れるんニャ。

ポイント 5
宇宙とつながると、様々な才能も開花するんニャ。

ポイント 6
自分が幸せな成功者になったら、その秘訣をどんどん人に伝えることで、ますます成功するようになるんニャ。

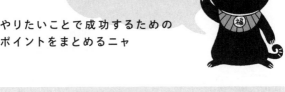

CHAPTER

6

自分に正直に生きるほどパートナーに恵まれる

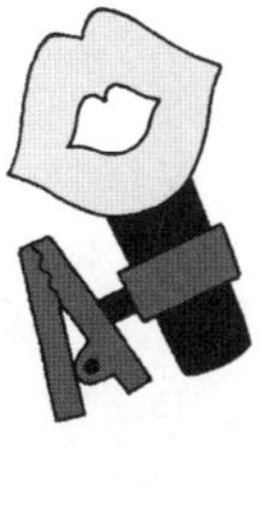

[幸せになる道具・5]
本当の気持ちを言うピンマイク

相手が自分を好きかどうかより、自分が相手を好きかどうかのほうがずっと大事

——仕事が素晴らしく成功し、毎日充実している並子。けれども真一との関係は友達止まり。成実子にどうすればいいのか聞きたくなって、鏡の前に。

並子　成実子さん、おかげさまで仕事は驚くほど成功するようになったよ。ただ、二度目の合コン以来、真一さんとはラインのやり取りをしたり、ときどき会ったりしてるんだけど、なんか発展しないんだよね。

成実子　あなたの気持ちはどうなのよ？　真一さんともっと親密になりたいの？

並子　正直言うとね、自分の中に遠慮がある気がする。もう一歩踏み込んで近づきたい気持ちもあるんだけど、私は12歳も年上だし、こんな私でいいのかなって思ってしまう。

成実子　あら、ずいぶん弱気じゃない。まだ背中押し棒が、必要かしら（笑）？

並子　もしかしたら、真一さんも私がこれ以上踏み込ませないようにしているのを察知して、微妙に距離を取っているのかもしれない。

成実子　あのね、あなたは自分のことをありのままで十分イケてて、素晴らしい人間だって思えるようになったんじゃないの？

並子　もう一回センサーのところからやり直す？

成実子　そうだよね。確かにセンサーを浸透させて以来、以前よりも格段に自分のことを好きになれたし、仕事もこんなにうまくいって、自分に自信を持てるようにもなってきたよ。でも男の人のことになると、なんか引いちゃうんだよ。

成実子　あなたの話を聞いてると、真一さんのことが気になってて、もっと親密になりたいと思っているように聞こえるけど。どうなのよ？

並子　さっきから真一さんがどう思ってるかとか、自分がどう思われるかばっかり。肝心の自分の気持ちをちゃんと見極めていない気がするんだけど、どう？

並子　本当はもっと仲良くなってみたい。自分が作っている壁も壊したい。だけど、それで関係がダメになって、傷つくのを怖がっているんだと思う。

成実子　そうね。でも、まだ浅い気がする。自分が好きかどうかより、相手に愛されるかどうかのほうが気になってる感じがするわよ。**誰かのことが気になると、多くの人は、その人を自分が本当に愛せるかどうかより、相手に愛されるかどうかばかりに意識が向いてしまう。そして自分の期待した通りに愛されている気がしないと、すねたり思い悩んだりする。**

並子　そう言われれば、今までもずっとそうだった。愛されるかどうかばかり気にしていた。

成実子　極論すると、**本当に相手のことを心から愛せるようになればなるほど、相手が自分をどう思っているのかなんて気にならなくなってくる**ものよ。自分は本当に相手を愛しているのか？　まずはそこをはっきりさせることよ。その結果、違うなって思うなら、今まで通り、なんでも話せる男友達でいればいいし、心から愛せる人だと思うなら、そこに軸足を置いて、その愛を表現していくだけよ。

並子　そんなふうに思ったことなんてなかったかもしれない。

もう一度よく自分に聞いてみるね。

「この私でOK」って思える人は魅力的な人

並子

はあ〜〜〜〜〜。私、真一さんのことどう思ってるんだろう？

正直言って、ときめきはないよな（笑）。

でも、あんなになんでも話せる人は、今までいなかった。それにあの人って全然カッコつけないし、いつも自然体なところがいいんだよね。

めちゃくちゃイケメンってわけでもないし、万年平社員候補だって言ってたし……。だけど、人を安心させる人なんだよなあ。

そういうところが私にとっての「ぬくぬくセラピー」みたいなものになってるんだよね。

ちょっと待って。こんな人なかなかいないんじゃ……。

私、恋してはいないかもしれないけど、愛してはいるかも。

真一さんのこと、大好きだよ。

——並子の心の声を聞いていた成実子が、思わず並子に声をかけた。

成実子　はい、よくできました。あなたの心の声をキャッチしましたよ。

並子　ビックリしたあ。私の心の声まで全部聞こえてるの？
プライバシーの侵害だな。まあでも、成実子さんになら聞こえてもいいけどね。
もう一人の自分だからさ。

成実子　「恋してはいないかもしれないけど、愛してはいるかも」っていうくだり、よかったわよ。それってとっても素晴らしいことじゃない。ヘタに恋の病にかかるより、よっぽどいいわよ。**恋は、めくるめくときめきがあって面白いけど、熱が冷めると、愛されたい者同士がぶつかり合うだけになってしまう**ことも少なくない。だけど、そこに愛があれば、レストランで見た老夫婦みたいに、長くいい関係でいられるのよ。
それに真一さんて、実はとっても魅力的な人なのよ。あなたは知らなかったでしょうけど、さとこさん、真一さんのことが好きだったのよ。

並子 え〜〜〜〜〜！　もっと高収入でイケメン好きだと思ってた。

成実子 でしょ。でも、そうじゃなかったのよ。たくさんさびしい思いをしてきた人だからこそ、真一さんみたいに一緒にいて安心できる人が一番だって彼女は感じてた。だからもっと親しくなりたかったのに、なんかイマイチなびいてこない。それなのに12歳も年上のあなたとは、ラインで頻繁にやり取りしているのが、どうにも許せなかったのよ。

並子 だからあんなウソついたんだ。全然気づか

なかった。だいたい真一さんがそんなにモテるとは思わなかったしね。生まれる前の約束とはいえ、本当によくできてるね。

成実子

いい？　**ありのままの自分にOKを出してる人は、他人から見ても魅力的な人に映る。モテる人って実は、自己受容度の高い人**なのよ。**本人が、自分のことをありのままで素晴らしい、この自分でOKだって思ってるなら、人はそれを反映するわけだから、周りの人もその人のことを魅力的で素敵な人だと思うようになる**のよ。真一さんは、それを自然体でやっている。あなたが気づいたように、ああいう人はなかなかいないのよ。

あなたがそのことに気づいたから、思わず飛び出しちゃったわよ。

告白しなくていい、素直に気持ちを伝えるだけでいい

並子

そんな真一さんとご縁がつながっている私って、幸せだね。

成実子　そうよ。何度も言うようだけど、それだけあなたもありのままの自分を愛せるようになってきたってことなのよ。

後は、その気持ちを正直に伝えてみればいいじゃない。

並子　何よ！　急に告白しろってこと？

成実子　告白っていうのとはちょっと違うかもね。

自分の正直な気持ちをそのまま伝えるだけ。

並子　それと告白の何が違うのよ？

成実子　全然違うわよ。告白って、付き合ってほしいって伝えることよ。

でも、正直な気持ちを伝えるっていうのは、付き合ってほしいというよりも、あなたが真一さんといるととってもリラックスできて、そういう真一さんのことを大好きだと思ってるということをただ伝えるだけよ。

並子　そんなこと言ったら、かえって意識させちゃって、困らせないかな？

成実子　あなたの中に、自分の正直な気持ちを伝えることで、もっと相手に愛されたいっていう期待があるなら、たとえそれを口に出さなくても、相手には重荷に感じられる場合もあるかもね。
でもただ**無邪気に大好きって言われて、イヤな気分になる人なんていない**のよ。

並子　そうかあ。でも私、なんの期待もなく、大好きだなんて言えるのかな？

成実子　しょうがないわねえ。そんなあなたのためにぴったりの幸せになる道具があるから、使ってみて。本当の気持ちを素直に伝えるピンマイクよ。これをつけると、カッコつけずに、素直に自分の気持ちが思わず口から出てしまうのよ。ふっふっふ。どう？　使ってみる？

並子　どうしよう……。

成実子　この期に及んで何をビビってんのよ。さっさとつけなさいよ。ホントはつけたいくせに。きっと面白いことになるわよ。

並子　よ～～し。腹をくくった！　今度真一さんと会うときに、つけてみる。

幸せになる道具 その5

本当の気持ちを言う ピンマイク

正直な気持ちを心から直接くみ出し、音声化するピンマイク。性格の悪い人が使うと、暴言を連発し、大惨事を招く危険性あり。

「大好き」って言っちゃった！

――真一と一緒にランチする約束をしていた並子。オープンテラスのある隠れ家カフェに一足先に着いて、化粧室の鏡の前に立っている。

並子　成実子さん、それじゃ、これから例のピンマイクをつけるね。ああ、ドキドキする。

成実子　あなたは真一さんのこと、自然体で、安心感があって、一緒にいると心が安らぐって思ってるんでしょ。そんな真一さんが大好きだって素直に気持ちを伝えるだけよ。まあ、ピンマイクをつければ、勝手に話しだすから。それを止めたり、今のは間違いでしたって訂正したりしないでよ。

並子　うん。わかった。何しろ生まれて40数年。そんなことなんて言ったことないからね。

成実子　そんなことないわよ。隣のお兄ちゃんに、私のお兄ちゃんだったらいいのにって言ったこと、あるでしょ？

並子　それは子どもの頃の話でしょ。

成実子　そうよ。そんな子どものような無邪気さは、40数年たったって、今もあなたの中にちゃんとあるのよ。無邪気に素直に伝えるだけよ。
い〜い？　あなたはとっても素晴らしい人だし、魅力的な人よ。今一緒に仕事をしている人たちだって、みんなあなたのことが大好きなのよ。
それにあなたはすでにたくさんの人を癒やし、力を与えている。
真一さんも魅力的な人だけど、あなたもものすごく魅力的で素晴らしい人なのよ。そのことを忘れないで。

並子　ありがとう、成実子さん。そうだね。成実子さんのおかげで、私は今や才能も魅力も表現できるようになっているんだよね。
今日はピンマイクをつけて、正直な気持ちを言うってどういうことなのか、体験してみるよ。

成実子　大丈夫よ！　私も心から応援してるから。

並子　それじゃ、ピンマイクをつけるね。

――席に戻る並子。真一がいつものように笑顔でやってきた。

真一　もう来てたんだ。また会えてうれしいよ。

並子　ありがとう。このお店、隠れ家的なところがすごくいいね。静かだし、お庭もあるし、落ち着くわあ。

真一　へへ、そうだろ。並子さんが気に入ると思ったんだよ。いつもたくさんの人に囲まれて仕事してるから、静かでゆったりできるところのほうが気分転換にもなっていいんじゃないかなって思ったんだよ。

ウェイター　ご予約ありがとうございます。ランチコースの飲み物をこちらからお選びください。

並子　この生ハーブティーっていうのがいいな。

真一　俺は、昼からビール飲んじゃおうかな。

並子　どうぞどうぞ。

真一　それじゃ、生ビールで。

ウェイター　ハーブティーと生ビールですね。かしこまりました。

並子　真一さんてさあ、こっちがハーブティーでも、ビール飲んじゃうところがいいよね。

真一　何それ？　好きなもんを頼んだだけなんですけど（笑）。

並子　ちょうどいいんだよね。気を遣うところと、気を遣わないところのバランスが。だから一緒にいても全然疲れない。

真一　こんなに楽な人って、男女通じて生まれて初めてだよ。

並子　だろっ。貴重な人材だろう。ありがたいと思えよー（笑）。

真一　俺はさ、こう見えて、新進気鋭の経営者でもある並子さんのことはすげえなって尊敬してるところもあるんだよ。だけどさ、並子さんてカッコつけないし、変わらないからいいんだよ。

並子　真一さんも私が何者であろうと、同じ人間として付き合ってくれる。

すごく自然体で、あっけらかんとしてて、そのくせさりげなくやさしくて、なんでも話せる。

並子　私ね、そういう真一さんが大好きなんだ。ホントに一緒にいると楽しい。イヒヒ♪

真一　俺のすごさにやっと気づいた？

並子　ホント、ず〜〜〜〜〜〜〜〜〜〜〜〜〜〜〜〜〜〜っと気づかなかった。ごく最近やっとのことで気づきました。心から御礼申し上げます（笑）。

真一　アハハハハ、そりゃどうも。

こちらがハートを開けば、あちらもハートが開く

真一　俺も、並子さんみたいに、あんまり女女してない人のほうが好きなんだよ。並子さんも自然体だよ。変に寄りかかってこないし、寄りかからせようともしないからね。年齢差も気に

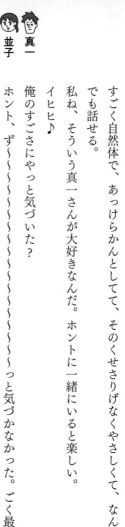

なったことはないな。俺も考えてみたら、一緒にいてこんなに楽な人って初めてかも。これからもよろしく頼みます（笑）。

並子　こちらこそ。私さ、こういう友達ができて、ホントに幸せだって思ってるんだ。

真一　俺と一緒にいて幸せだと思ってくれる人がいるってことが、幸せだよ。

並子　イヒヒ。よかったよかった。ランチおいしいね。やっぱりこの店、大正解だったね。

真一　だろ〜〜〜〜♪ そうだ。今度ドライブしようよ。すんごい景色のいいドライブロードを発見したんだよ。並子さん、自然も大好きだろ。あの景色、見せたいなあ。

並子　えええ、絶対行きたい！　平日だったら時間取れると思う。でも真一さんは、サラリーマンだから、土日じゃないと難しいよね。

真一　いや大丈夫だよ。実は時間的には結構自由なんだ。

並子　そうなの？　平社員はこき使われるから大変だって、前に言ってたじゃない。もしかして、あれってウソだったりして（笑）。本当はバリバリの青年実業家で、仕事は部下に全部任せて、優雅に遊んでる人だったりして～～～。

真一　アハハハハ。バレた。俺の正体見破ったな。誰にも言うなよ（笑）。

並子　わかった。二人だけの秘密にしといてあげる（笑）。

真一　……。並子さん、実は俺……本当にそうなんだよ。

――目が点になる並子。

真一　年商100億円のネットショップの経営者なんだよ。あっ、時間的に自由なのは、本当に部下に仕事を任せてるからだけど、遊んでるわけじゃないよ。次のアイディアを出すために、外に出て刺激を受けるためなんだよ。

この肩書を言うと、みんな色メガネで見て、女性も群がってきたりした。俺っていう人間を見てるんじゃなくて、俺の肩書とか年収とか見ている気がした。そういうのに嫌気がさしたんだよ。

だから肩書を伏せて合コンして、どのくらい通用するのか試してみたいって思った。その中で俺っていう人間をちゃんと見てくれると人と出会えたらなあって。

そしたら、並子さんと出会った。並子さんは全然グイグイ来ないし、どっちかっていうと引いてるくらいで、俺にとっては新鮮だった。

それに、男を追いかけるより、自分のやりたいことにバカみたいに熱中して、こんなに成功して。ただもんじゃない人だなあって思ったよ。

それなのに、飾らなくて、まっすぐで、面白くて……、それでいて、ちゃんと自分の足で立っている。

この人だなって思った。

だけど、一枚薄い壁みたいなものがあるのを感じててさ。それを並子さんが取り払うまで待とうと決めたんだ。もしも壁がなくならなかったらなくならなかったで、いい友達として長く付き合えれば、それでいいとも思ってた。急にこんなこと言っても信じてもらえないかもしれないけど、これが俺の正直な気持ちなんだよ。今までウソついててごめん。俺は、並子さんに俺のパートナーになってほしいと思ってる。結婚して籍入れなくたっていいし、同居も無理にしなくていいよ。こんなふうにたまに会うほうがよかったら、それでもいい。俺にとっては大事な人だから、お互いに無理のない、一番楽な付き合い方をしていけたらそれでいい。

並子　あのさあ、今のあれ？　素人が素人をだますドッキリってやつ？

真一　……。

並子　冗談だよ。本当のことを言っているっていうのは、ちゃんと伝わってきたよ。もしもこれがドッキリだろうと、真実だろうと、私は真一さんが好きだよ。それは変わらない。これからもずっといい関係でいたい。平社員だろうと、年商100億円の青年実業家だろうと、どっちでもいいわ。

ぐずぐずしている私をわざわざ待っててくれてたんだもん……。ありがたくて涙が出てくるよ。私は12歳も年上だし、正直、もっと先に進んでいいものか、自信が持てないでいたんだ。

私も真一さんがパートナーになってくれるなら、こんなにうれしいことなんてないよ。

どういうスタイルがいいのか、まだよくわからないけど、お互いにやりたいように好きにやれる関係でいられたらいいなあって思う。

——こうして二人はパートナーという新しい関係に進んだ。やっぱり籍は入れずに、半同居生活をすることになった。

プライベートでのパートナーであるだけでなく、仕事の上でも、互いに触発し合い、刺激し合い、互いの企業を成長させていった。

やりたいことをやっていると、出会いにも恵まれる

成実子 ねえ、並子さん。私が言った通りだったでしょ。自分の気持ちを正直に伝えたら、想像を超える、面白いことが起こっちゃったでしょう。

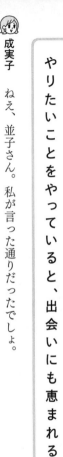

並子 あのピンマイク、もっととんでもないことを言わせるのかと思ったら、むしろ力が抜けてて、何気ない会話の中で、相手にも負担にならないような言い方で、さりげなく本当の気持ちを伝えられるようにしてくれた。

ああいう言い方なら、できるって思ったよ。っていうか、そもそも大好きだって言うことは、そんなに構えて言うことでもないんだね。素直に、あるがままに、何も期待せずに、ただ言うみたいなことなんだね。

最近はピンマイクを使わなくても、素直に、正直に、ありのままに自分の気持ちを話してるよ。

成実子　よかったじゃない、並子さん。
真一さんてね、私の時空でもパートナーやってるのよ。
共同経営者って彼なのよ。やっぱりご縁があるのね。
こっちの時空ではどういう関係になっていくんだろうって思ってたけど、公私ともにいいパートナーになれてよかったわね。

並子　なんだあ。そこまで知ってたんだ。
私はまさかあんな展開になるとはまったく思わなかったよ。もしかしてよくできた結婚詐欺だったりしてって一瞬よぎったけど、私もスクリーンを潜在意識に浸透させてるだけあって、真一さんが時間的に自由だって言った途端に、経営者の真一さんの映像がフラッシュしたの。冗談めかして言ったけど、本当にそうかもしれないって実は思ってた。

成実子　並子さんも私も、自分が本当にやりたいことをやろうと決めてから、信じられないような素晴らしい出会いに恵まれていることに気づいてる？

並子　確かにそうだ！　自分の意識が変わると、同じ人だって、人が変わったようにやさしくもなったしね。部長だって私が自分を嫌いで、不満だらけの頃とは別人のような理解者になってくれたし。お客さんだって、なぜかどんどん人を紹介してくれる人ばかりだったし、旅館を売りたいって申し出てくれた人も、元旅館の従業員たちも、お寺の住職も、観光組合長も、みんなミラクルな出会いだった。

成実子　真一さんだってそうよ。最大のミラクルだったんじゃない。

並子　まさにミラクルそのものだよ。いまだに信じられない気持ちだよ。

成実子　つまり、**やりたいことをやって歓びにあふれた波動になれば、出会いという宇宙からの恩寵も、豊かに受け取れるようになる**ということなのよ。
だからやっぱり**自分を愛して、魂の望むことに熱中するに限る。**婚活もいいけど、その前にもっとやったほうがいいことがあるのよ。

しょせんは別の人、でも大切な人

成実子　**宇宙から見れば、私たちは一つ**よ。特に**パートナーは魂の片割れだったりするほ**

ど魂的にも近い関係だけど、三次元では、別の人なの。相手には相手の考えがあり、大切にしたいものがあり、やりたいことがある。それを尊重することが長続きする秘訣よ。

並子

並子さんたちは、お互いに精神的にも経済的にも自立しているし、お互いを尊重しているから、その辺のところは、うまくいきそうね。

今のところそうだね。でもこれから先、また関係が変わるかもしれないし、もっと精神的な距離が近くなってくると、相手に干渉したくなったり、自分の思い通りに行動してほしいって我が出てくるかもしれない。

だってこの前、真一さんがトイレのフタをよく閉め忘れることに、すごく腹が立ったりしたもん。「ちっちゃいことだけど、ちゃんと閉めて」って言ったら、「新しい事業計画に夢中になってると、いろんなことを忘れちゃうから、許して」って言われた。

そう言われたとき、彼は彼でいろんなことあるんだよなって思って……。

そういうことも理解できる人でいたいなあって思ったんだよね。

成実子

うわあ、いいパートナーシップじゃない。相手を理解しようとすることは、愛だからね。スクリーンのときにやったよね。

相手はすごく近い人であると同時に、別人格の、別の人生を生きている人なのよ。たとえ一緒にいて、同じ時間を過ごしていたとしてもね。

だけど、とても大切な人でもある。この両方を忘れないことなのよ。

実は私もあっちの次元の真一さんとは、結構ぶつかり合ったの。互いに相手に自分の価値観を押しつけ合ってたから。そのほうがもっと幸せになれるし、快適だろうと思うから言ってたんだけど、**相手の人生は相手のもの**なのよね。そこがなかなか難しかった。

でも並子さんたちは距離の取り方がいいわよね。最初からお互いに尊重し合ってるから。

二人を見てて、真一さんの包容力や、並子さんのいい意味で相手を信頼して放っておけるところがすごくいいなあって思ったわ。あっちの次元で私もそれを取り入れてみようって思った。

並子　成実子さんて謙虚だよね。私に教えに来てくれたのに、私から学んでるなんて。

成実子　何しろ、あなたの分身ですもの（笑）。

今回のピンマイクもすでに自分のものにしていて、わざわざ潜在意識に浸透させるまでもないわね。

真一さんに限らず、いろんな人に対して、素直に、正直に、気負わずに自分の気持ちを伝えられるあなたは、本当に素晴らしいわ。

並子　それはやっぱり成実子さんのおかげで〜〜す♪

仕上げのワーク

本当の気持ちを伝えられるようにピンマイクを潜在意識に浸透させよう

お話の中に出てきた幸せになる道具を、これからあなたの潜在意識にも浸透させていきます。ダウンロードしたパワーアートを見ながらやってみてください。

1

背筋を伸ばして座り、
手足を組まずに
両足の裏を床につけ、
手のひらを上に向けて
ひざの上に置きます。

2

軽く目を閉じて、
深呼吸を繰り返し、
心を鎮めます。

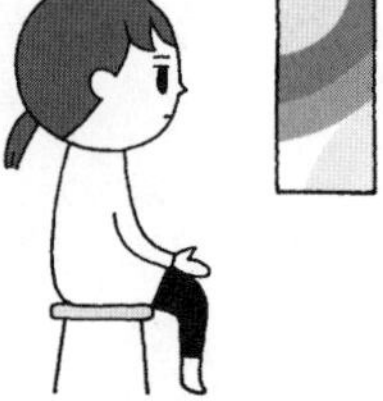

3

パワーアートを
無心に見つめます。

ノドにつかえたものを
取り除くイメージニャ
正直な気持ちが言えないと
息も詰まるニャ

4

「私は愛する人たちに自分の正直な気持ちを、素直に伝えます」「これから私はこちらの価値観を採用すると決めました」と強く意図します。

5

その象徴であるピンマイクがのどの中央にある第5チャクラに浸透していくのをイメージします。

6

1～2分そのまま浸透させたら、宇宙に感謝して終了します。

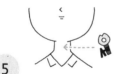

猫の神様の
ニャンポイント
アドバイス

愛あるパートナーシップのための
ポイントをまとめるニャ

ポイント 1 相手が愛してくれているかより、自分が相手を愛しているのかどうか、こっちのほうがずっと大事なことニャ。

ポイント 2 愛しているなら、その気持ちを素直に伝えることで、関係は深まっていく。カッコつけてる場合じゃないぞ。

ポイント 3 どんなに仲がよくなろうと、別の価値観を持っている別の人間であり、そんな相手の人生を尊重することが関係を長続きさせるコツニャ。

ポイント 4 籍を入れたり、同居することにとらわれず、自分たちが一番いい関係でいられる状態を選んでいいんニャ。これからはそういうパートナーシップが珍しくなくなっていくと思うぞ。

相手がどう思うかより
自分がどう思うかなのニャ
好意を抱かれて
悪い気がする人はいないニャ

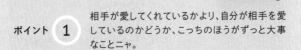

CHAPTER

7

体の無限の叡智《えいち》につながればいつでもベストコンディションでいられる

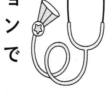

[幸せになる道具・6]
体の叡智とつながる聴診器

肉体は叡智の塊

並子　――ある日の並子。
どうしよう。明日は新しいプロジェクトをやる土地の下見に行く予定なのに、体がゾクゾクして、熱が出そうだー。
でも夜も遅いし、やってるお医者さんもドラッグストアもないよ。

――悪寒《おかん》で震えながら、やっとのことで鏡の前に行く並子。

並子　成実子さん、明日大事な仕事があるのに、熱が出そうだよ。
こういうとき、どうしたらいいの？　教えてー！

成実子　ちょっと待って、今、熱が出そうだって言った？

並子　うん、だって発熱するときって、こんな感じになるからわかるんだよね。

成実子　そうでしょ？　それは、あなたがちゃんと自分の体に何が起こっているのか察知する力を持っているからなの。

実はね、**体って叡智の塊なのよ。どうすれば、健康な状態になれるか、よーくわかっている。**

私たちは本質的に無限なる宇宙と一つの、ありのままで完全な存在だということはこれまでにも何度も言ってきたわよね。体はそれを最も象徴する宇宙の無限の叡智の塊のようなものなのよ。

体って四六時中あなたの健康を維持するために働いてくれているでしょ。心臓だって、今日は気分が乗らないから、血液を体に送りませんとか言わないでしょ。心臓は生まれてこのかた、一度も休んだことなんてないわよね。

包丁で指を切れば、すぐに血が出て傷口をふさぎ、皮膚が再生するまで守ってくれる。誰に命令されているわけでもないのに、医学部に入って勉強したわけでもないのに、ちゃんと命が続くように機能してるでしょ。

すごいことだと思わない？

つまり、**体は宇宙の無限の叡智と一体化して機能している**ということなのよ。

私たちは、魂の器として、宇宙から体という無限の叡智そのものを授かり、今日もこうして生かされているということなのよ。

並子　そう言われてみれば、確かに体ってすごいよね。私みたいな気分屋じゃないし、おなかがもうちょっと引っこんでくれたらいいのにとか、またシミができたとか、文句をいくら言われたって、機嫌が悪くなって働いてくれなくなったりしないものね。
それにしても、体にそんな無限の叡智が備わってるなんて、思ってもみなかったよ。

成実子　そうよ。何を言われようと、どんな扱いを受けようと、常に健康な状態であろうと働き続ける。それって、宇宙の無条件の愛を体現しているということでもあるのよ。
でも、体はこんなにも無限の叡智の塊なのに、多くの人が、あなたと同じように、その叡智を使わないで、発熱すれば解熱剤を飲んで、とにかく熱を下げようとしてしまいがちなのよ。

並子　だってさ、子どもの頃から、熱が出たらお医者さんに行くか、薬を飲みなさいって言われ続けてきたんだもん。熱が出たら、反射的に下げなきゃって思っちゃうんだよね。

成実子　そうね。でも、なんで熱って出るんだと思う？

並子　それは……なんでだろ？　ウイルスへの拒絶反応なのかな？

成実子　それはね、体の中に入ったウイルスを、熱によって死滅させるためなのよ。それなのに薬で無理やり熱を下げてしまうと、一時的に体は楽になるかもしれないけど、ウイルスがいつまでも死滅せずに、調子の悪さを引きずることになりかねない。

並子　そういえば、そんな話を聞いたことがあるなあ。熱も実はとても重要な役割を果たしているって。

成実子　要はね、体の声に耳を傾けてみることなのよ。無心で体とつながってみると、そんな体の叡智にアクセスすることだって可能なのよ。

並子　そうなんだー。ちょっとやってみよう。

成実子　この道具、使ってみる？　体の叡智とつながる聴診器なの。

並子　へぇえ、そんなもんがあるんだ？

成実子　この聴診器を体の調子の悪いところに当てて、耳を澄ますの。頭をカラッポにして傾聴するのがポイントよ。

並子　ちょっとー、早く使わせて！　どうにかしなきゃいけない状態が差し迫ってるんだから。

成実子　わかったわ。でも、その前にいい？　この道具を使った後は、自分の思い通りにしようとするんじゃなくて、体の望む通りにしてあげて。もしも、体の声を聴いた結果、明日は出張しないで休むほうが大事だとわかったら、それに従うの。**自分に都合のいいように体に命令しようとすると、体の叡智にもつながらなくなる**のよ。

並子　そうか……。成実子さんが言わんとすることはわかったよ。まずは体の声によく耳を傾ければいいんだね。やってみるよ。

幸せになる道具・その6

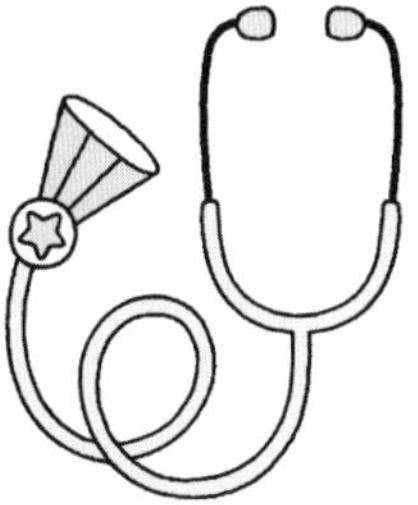

体の叡智とつながる聴診器

調子の悪いところに当てて耳を澄ますと、体の声を聴くことができる聴診器。健康のアドバイスだけでなくファッションのアドバイスもしてくれる。

体を信頼する

並子　じゃあ、さっそくこの聴診器を使ってみるね！
でも、調子の悪いところに当てて聴けばいいって言ってたけど、発熱しそうになってる場合、どこに当てればいいんだろう？　まあ、とりあえず頭がガンガンしてきたから、おでこにでも当ててみるか。どれどれ？
…………

体の声　おーい、聞こえるかーい？

並子　うわっ、びっくりした！

体の声　大丈夫だよ、この熱は今晩39度まで上がるけど、一晩で下がる。明日の朝にはスッキリしている。ウイルスは熱で死滅していくから、熱を怖がらないでね。一生懸命ウイルスと闘ってるんだなと思って、応援してね。
それから枕元に水を置いて、こまめに飲んで。熱によって体から水分が出ていくから、水分補給は大事だよ。

並子　あと、寒くないようにしっかり布団をかけて、早く寝てね。そのほうがこっちとしては助かるんだ。

よくしゃべるなあー、体って。成実子さんも言ってたけど、熱も必要なものなんだね。でも39度まで上がって、一晩で下がったことなんて今までなかったけど、本当かな？　薬を飲まなくても平気なのかな？

もう一回そこのところを聴いてみよう。

おーい、私の体ー。聞こえてるかー？

体の声　聞こえてるよー。今回は、薬はいらないよ。思いっきり熱を出せば、一晩でウイルス退治は終わるから。体を信頼してねー。

並子　体を信頼するかあ……。今までそんなふうに体と付き合ったことはなかったけど……。わかった、信頼して言うことを聴いてみよう。

——言われた通りに用意して、ベッドに入る並子。

熱は、どんどん上がっていく。

並子　う〜〜ん、う〜〜ん。体中が熱くて痛いよ。しんどいなあ。なんだか意識ももうろうとしてきた。ちょっと熱を測ってみよう。

——体温計を脇の下に挟み、熱を測る並子。

並子　ゲッ！　39度8分だ。のどが渇いてきたな。水を飲んでとにかく寝よう。

——夜中ずっと熱にうなされていたにもかかわらず、体の声を信頼して発熱させたら、本当に起きたときには37度まで熱が下がっていた。体の節々《ふしぶし》の痛みもウソのように消えている。なんだか体から毒が全部出ていった爽快感さえあった。

並子　マジか！　体の声が言ってたことは本当だったよ。これでなんとか下見に行けそうでよかったよ。
そうだ！　他に何か注意することはないか、体に聴いてみよう。

並子　おーい、体〜！

体の声　はいはーい。どう、やっぱり熱は下がったでしょ？　だけど発熱したことで消耗しているから、無理はしないこと。食事は、これが食べたいと感じるものを食べればいい。食べたいと感じるものが、今、体に必要なものだから、そこも信頼して。逆に食べたくないなら、食べずに内臓を休ませたほうがいいからそうなっているだけ。そういうときは食べなくても大丈夫だよー。

並子　そうか、ありがとう。そうだなぁ、なんかシラスおろしと味噌汁が飲みたいな。それ以外は食べたくないもんなあ。

――シラスおろしと味噌汁の軽い朝食は、今まで感じたことがないほどおいしかった。体が求めているものを食べたら、こんなにおいしく感じるんだということを学んだ。

無事に下見にも行くことができた並子は、その後は大事を取って早退。

家に戻ってきて、新しいパジャマに着替えて、早めに就寝。

翌朝は、いつもより元気なくらいだった。

並子　体の声の言ってた通りだった。体を信頼すれば、体も力を発揮してくれる。思ったことが波動として宇宙に発信され、現実化するのが宇宙の法則だから、当然と言えば当然のことかもしれないけどね。
これからはもっと体と仲良くなっていけそうだな。

健康法は一人ひとり違って当たり前

成実子　並子さん、体の叡智を信頼して従ってみたら、すっかり元気になったわね。

並子　おかげさまで、前より元気なくらいだよ。それにしても体の叡智ってすごいね。

成実子　そうよ。私たちはお医者さんに助けてもらうこともあるし、健康管理の知識も助けになっている。特にコロナ禍では、感謝してもし切れないほど、医療従事者の方たちに助けてもらっている。
だけど、現代の医学が、肉体のすべてを解明しているわけではないのよ。お医者さんが見放したがん患者の体から、がん細胞が消えて、治ってしまうことだってあるでしょ。もちろん、自分の力（体の叡智）だけではどうにもならないこともあるから、医学の力を借りたほうがいいってこともたくさんあるわ。だから、医学を拒絶しろと言ってるんじゃないのよ。

だけど、体の叡智とつながる習慣を持つことは、とても大事なことだし、それによってより健康を維持できるようにはなるはずよ。

最近は巷《ちまた》に、いろんな健康情報があふれているけれど、画一的な健康法なんてないのよ。一人ひとり、みんな体質が違う。その人に合った健康法があるの。

体はそれを知っている。

食事も、食欲が湧く食べ物が、その人にとって必要な食べ物だったりする。つまり、世の中にあふれる健康情報を真に受けて、本当は体が欲していないのに、これが体にいいものだと思って食べても、健康にならないばかりか、逆効果になる場合さえあるってことなの。

並子

今回熱が出たときに体の声に従ったら、本当に一夜にして治ったからね。

そんなこと今まで一度もなかった。だから体の力には驚いたよ。

体ってすごいなあって感心しちゃった。

それでね、ちょっと別のことも聴いてみたの。

成実子

実はね、左の足の親指が巻き爪っぽくなってて、先の詰まったハイヒールを履くと指に刺さって痛いんだよね。

このことを体の声に耳を傾けたら、ちゃんと治せるから、今は爪が刺さっている個所が化膿しないように、こまめに消毒してって教えてもらったよ。そうしたら、だいぶ痛みが和らいできてるの。

それから深爪をしないようにって注意された。爪を深く切りすぎると、爪が変形しやすくなるからなんだって。この巻き爪がどうやって治っていくのか、今からちょっと楽しみだよ。


巻き爪だって、お医者さんで治してもらうことも、もちろんできる。そういうことをやっている皮膚科のお医者さんもいるからね。

でも、あなたの場合は、よく消毒して深爪しなければ、体の力だけで治ると体は判断したんだと思うわ。

でも人によっては、すぐにお医者さんに行ったほうがいい場合もある。そういう場合は、体も医者に行けって言うと思うわ。

体の叡智を信頼するなら、いいお医者さんとも出会える

成実子 本当に体とツーカーになってくると、どこのお医者さんがいいのかまで教えてくれることもあるのよ。

並子 へー、体ってそんなことまで知ってるんだ？　なんだか、いいお医者さんを探す検索エンジンまでついてるみたいだね（笑）。

成実子 教えてくれるっていうよりも、察知できるようにしてくれるって言ったほうがいいかもしれないわね。それと体は宇宙とバッチリつながってるから、宇宙の叡智が体を通してあなたに伝わる場合もある。

並子 そういえば、なんとなく居心地のいい病院と、合わないなあって感じの病院があるものね。

成実子 合わないと感じるなら、別の病院を自分で探せばいいの。

並子
あなたが**日頃から高い波動に合わせていれば、宇宙の叡智も降りてきやすくなるから、いいお医者さんとの出会いも宇宙がコーディネートしてくれるようになる**わよ。

並子
そうかあ。こんなにすごい叡智が体に備わってるのに、これまで使わなくてもったいなかったなあ。これからもっと耳を傾けてみるよ。

体の声に耳を傾ければ傾けるほど、ますます叡智が流れ込む

成実子
体の声もいつも耳を傾けることで情報伝達のパイプが太くなってきて、ますます情報を受け取りやすくなるわよ。

並子
今は聴診器を使ってるから、体の声もよく聞こえるけど、それを使わなくても、こっちから積極的に体の声を聴いてみると、いろんなことを教えてくれるってことはなんとなく実感してる。

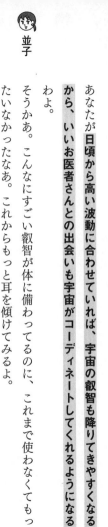

成実子　そうでしょ。病気のときとか、体調が悪いときにだけ耳を傾けるんじゃなくて、日常的に気軽に体と対話するといいのよ。人はすぐに頭がいっぱいになって、宇宙とバッチリつながっている体の声を聴こうとするのを忘れてしまいがちだけど、それってもったいないわよね。それと**健康情報だけじゃなく、ファッションコーディネートや、髪型のことまで知ってる**のよ。

並子　またまた驚きだなー。

成実子　しかもそれらの情報を、いつだって無料であなたに与えてくれる。健康アドバイザーにヒーラー、時にはスタイリストまでこなせる。こんなにいいものを活用しない手はないでしょ？

並子　まさに、その通りだね！そういえば、熱が下がってパジャマ姿の自分が鏡に映ってるのを見ていたら、クローゼットの中にある服が突然浮かんできたんだよね。

普段着はジャージみたいな楽な服じゃなくて、おしゃれだけど動きやすい仕立てのいい服を着たほうがいいって、なぜかふと思ったんだよね。

成実子　それぞれ。そういうのが体の叡智でもあり、宇宙の叡智でもあるのよ。

並子　あのときは聴診器なんて使ってなかったけど、体の叡智につながるパイプができてきているから、そんなことまで直感的にわかるようになったんだろうね。

成実子　その通りよ。その感覚に慣れてきたんだったら、聴診器を外して、体の声に耳を傾けてみるといいわ。こうすればいいんだってことが直感的にわかるはずよ。
服だって普段着だけじゃないわよ。
ウィンドーショッピングしているときに、今までは着たことのないデザインの服なのに、こういうのを着ればいいって、ピンとくることもあるわよ。
そのほうがもっと自分らしさが出て、素敵に見えるってことが、直感的にわかるようになるの。
ポイントは考え込まずに、頭をカラッポにしておくことよ。

並子　ありがとう。やってみるよ！

——その後、巻き爪が刺さっていた皮膚が硬化し、並子の巻き爪の進行は止まった。爪は刺さらなくなり、普通にハイヒールが履けるようになった。

並子 すごいよー！　体の叡智って！
本当に治っちゃったよ。体の声には従ってみるもんだね。

最高のアンチエイジングは自己受容

真一 並子さん、最近お肌の調子もいいし、なんか若返ってきた気がするんだけど、エステにでも行ってるの？　あっ、それともアレか？
俺と一緒にいることが幸せすぎて、きれいになってきてたりして（笑）。

並子 そうね。真一さんは、エステよりも効果アリかもね（笑）。

真一 やっぱり〜〜〜♪　俺もそうじゃないかと思ったんだよな。
実はさ、俺もなぜか最近風邪をひかなくなってきて、肌つやもいいんだよなあ。

俺も以前よりぐっとイケメンになってない？

並子　何言ってるの！　ずっと前から私にとっては世界一のイケメンだよ。あ、心がね（笑）。

真一　心だけかよ（笑）。まあでもうれしいよ。ありがとう。

並子　この間、デパートに行ったら、お肌きれいですねって化粧品の美容部員にほめられて（笑）。
調子に乗って肌年齢を測定してもらったら、実年齢よりも15歳も若かったのよ。そんなこと今まで一度もなかったのに。たいてい実年齢の10歳は上だったから。
確かに、以前よりもいい化粧品は使ってるけど、このところ忙しかったから、そんなに念入りにお手入れなんてしてなかったはずなんだけどね。
やっぱり冗談じゃなくて、**毎日幸せだっていうことが、アンチエイジングにつながってる**のかもしれない。

真一　確かにそうかもしれないなあ。俺もおかげさまで、ますます幸せいっぱいで、毎日充実してるもん。いいパートナーができて、お互い本当によかったよな。

並子　ホントだね♡　でもすべてのベースは、やっぱり、どんな自分でも受け入れるようになって、この自分で生きていこうと心から思えたことだと思うんだよね。そこからどんどん運が開けて、やりたいことがやれて、素晴らしい仲間にも、真一さんみたいなパートナーにも恵まれたから。

こんな自分なんてダメだって責めたりすると、体にも悪いんじゃないのかな。自分で自分の細胞を傷つけるようなことをしている気さえする。

そういったことをしなくなったから、何か特別なことをしなくても、肌の色つやもよくなってきたんじゃないかって気がするよ。

真一　すごいこと言うなあ、並子さん。さすがは癒やしのエキスパートだよ。

でも、それってホントにそうかもなあ。

俺の親戚のおじさんは、すごく自分に厳しい人で、社会的には成功した人だったんだけど、いつも肌がくすんでて疲れてた。

結局、50代でがんになって、死んじゃったもん。

並子　へえ、そんなことがあったんだ。おじさん、自分に厳しすぎて、何やっても自分を叱ったり、責めたりしていたのかもしれないね。

それどころか、いい気になったら足元をすくわれると思って、ずっと緊張していたんだろうね。なんかおじさんにも「ぬくぬくセラピー」を紹介してあげたかったなあ。

真一　俺も昔は、おじさんみたいに自分に厳しかったんだよ。もっと頑張れ、もっと結果を出せっていつも自分にせっついてた。
それで10代の頃に原因不明の病気になって、死にそうになったんだよ。

並子　ええええ！　そんなことがあったんだ。

真一　そのとき思ったんだよ。自分を責めて責めて叱り飛ばし続けて、それで結果を出せたとしても、病気になって死にそうになるなんてバカみたいだなって。

もうそんなのやめてやるって心に誓ったんだ。

親の期待も世間の目もどうでもいい。

枠にとらわれて生きるのは今日限りやめる。とにかくやりたいことだけやって生きてやるって決めたら、原因不明の病気もなぜか治ったんだ。

並子

すごいじゃない。きっと体が教えてくれたんだよ。そんな生き方したら命を削ることになるって。思うままに生きていい。そのほうが健康で長生きできるって。

私、最近体の声に耳を傾けると、いろんなことを教えてくれるということがわかったんだよね。だからいろんなことに活用してる。耳を傾ければ傾けるほど、ちゃんと教えてくれるよ。

そのことを知らなかった時代も、そういえば、体が何気なくこうしたほうがいいって教えてくれていたこともあったなあって思い出したの。

だから、真一さんが生き方を変えた瞬間にも、きっと体からそんな導きがあった気がするよ。

真一

確かに、なんか内側からそういう感情が湧き上がってきたもんなあ。あまりいいやり方ではなかったかもしれないけど、一回どん底まで行ってみると、かえって開き直れて、そういう体の叡智とか、自分の本心につながることができるようになるのかもしれないね。

並子　絶対そういうことってあると思うよ。そういうことを体験できたっていうことも、素晴らしい経験だよね。

真一　病気が治ってから今に至るまでのプロセスもなんか面白そう。そんな真一さんの人生を本にして出してほしいわ。

並子　それがさあ、そういう話も本当に来てるんだよね。

真一　スゴすぎ〜〜〜！　絶対買うよ！

並子　だからさ、やっぱりどんな自分でもこれが自分なんだ、この自分で生きていってやるって決めたら、体も健康になるし、仕事にも恵まれるし、結果的にお金も入ってくるようにできているっていうのは本当のことだと思うよ。

これってさあ、ぬくぬくセラピーにも応用できるんじゃないの？

実は私もそう思っていたところなの。

いくら体をぬくぬくゆったり休められても、やっぱりすべての幸せの基本になっている自己受容ができていないと、一時的な癒やしにしかならない気がするんだよね。

真一 そうかもしれないね。

並子 たとえばさあ、ぬいぐるみかなんかを用意して、それを自分だと思って、

「大好きだよ」

「今日までよくやってきたよね」

「どんなあなたのことも愛しているよ」

って声をかけながら抱きしめたり、なでなでしたりして、自己受容のベースを作って、その上で、ぬいぐるみと一緒にぬくぬくしたり、お茶したりするっていうのもいいもしれないなあ、なんて思ったりしてるんだよね。

真一 なんか面白そうだなあ。それ、めっちゃ効果ありそうじゃん。

並子 そうなのよ。いろんな構想が広がってきてるんだよね。

自己受容だけじゃなく、体の声を聴くっていうのもオプションのワークとして取り入れてもいいんじゃないかって思ってるの。

たとえば、ぬくぬくセラピーのときに飲むお茶も、体に聴いて選ぶとか、体にかけるブランケットの色を何色も用意して、どれがいいか選ぶとか……。

体の声を聴き取りづらいという人には、Oリングテスト（自分の体を使って行う診断）を活用するとか……。

いろいろやり方がありそうなんだよね。

体の声を聴き取れるようになると、健康面だけでなく、他の面でもすごく恩恵があるから、そういうのもやりたいんだよね

真一　ぬくぬくセラピー、どんどん進化していきそうじゃない。
並子さんはそうやって自分の体験をすぐにセラピーに活用しようとするところがすごいよね。

並子　やっぱり自分が好きなことだし、真一さんという素敵なパートナーに恵まれているおかげでもあるのよ。

体に感謝することで、ますます体は力を発揮する

成実子　並子さん、すでに体の叡智とつながる回路ができ上がっちゃってるわね。

並子　私が潜在意識に浸透させるまでもないようね。一番のベースになる「どんな自分でも愛する」っていうのができてると、他の道具の浸透も速くなる気がする。それと道具を使って、やり方の勘所がわかると、道具ナシでもすぐにできるようになっていくんだよね。

成実子　そうなのよ。やっぱりすべてのベースは「どんな自分でも愛し、応援し、認める」ことにあるの。そのことを感覚的につかんでるところがさすがだわ。

並子　これも元はと言えば、成実子さんのおかげだから。毎日感謝の気持ちがこみ上げてくるんだ。本当にありがとう。

成実子　こちらこそ。こんな形で時空を超えて出会えた私のほうこそ幸せだし、感謝してるわ。
あとね、感謝って体にもすると、すごくいいのよ。前に体調が悪いときだけじゃなく、いつでも体の叡智とつながるといいって教えたけど、**お風呂に入ったら、体に「いつもありがとう」って思いながら、やさしく洗ってあげたり、寝る前に、「今日も一日ありがとう」って声をかけたりすると、すごくいい**わよ。

並子　ありがとうの心地いい波動に、自分も包まれるし、それによってよく眠れるようにもなるから、ダブルでいいの。

なるほどね。さっそく今日からやってみるよ。

最近ますます体調もいいし、この間は、真一さんに若返ったみたいに見えるってほめられたよ。

どんな自分でも愛して、周りの人たちのことも愛して、小さな幸せを見逃さないで感謝し続けたら、長く健康でいられそうだね。

成実子　そうね。それが万人に共通する本当の健康法かもしれないわね。

並子　本当にそうだと思うよ。今はぬくぬくセラピーを中心にやってるけど、ゆくゆくは総合的な癒やしと、そのベースになる自己受容を促進するようなことをやってみようと思ってるんだよね。

成実子　すごいわね。体は宇宙とつながっている無限の叡智の塊だから、そうやってどんどん叡智を引き出していくことができるのよね。

並子　なんだか並子さん、とってもはつらつとしていて楽しそうだわ。

（並子）うん。私もワクワクしてるんだ。成実子さんからせっかくたくさんの道具をインストールしてもらってるんだから、それを生かしてたくさんの人の幸せにつながることができたらいいなあって思ってるんだ。

成実子　頼もしい！　やっぱり時空を超えて出会えて本当によかったわ。

仕上げのワーク

体の叡智とつながる聴診器を潜在意識に浸透させよう

お話の中に出てきた幸せになる道具を、これからあなたの潜在意識にも浸透させていきます。ダウンロードしたパワーアートを見ながらやってみてください。

1

背筋を伸ばして座り、
手足を組まずに
両足の裏を床につけ、
手のひらを上に向けて
ひざの上に置きます。

2

軽く目を閉じて、
深呼吸を繰り返し、
心を鎮めます。

3

パワーアートを
無心に見つめます。

4

「私は体の声に耳を傾け、体の声を聴き取ります。そして体を信頼し、大切にします」「これから私はこちらの生き方を採用すると決めました」と強く意図します。

5

その象徴である聴診器が耳に浸透していくのをイメージします。

6

同時に時空を超えて、宇宙の叡智を聴き取る能力が活性化することを自分に許します。

7

1～2分そのまま浸透させたら、宇宙に感謝して終了します。

猫の神様の
ニャンポイント
アドバイス

健康を維持するためのポイントをまとめるニャ

ポイント 1　体には健康な状態を保つための叡智が備わっているんニャ。頭をカラッポにして、体に耳を傾ければ、その叡智につながることができるぞ。

ポイント 2　体の叡智を信頼し、耳を傾ければ傾けるほど、ますます叡智が流れ込むんニャ。

ポイント 3　一人ひとり体質が違うから、すべての人に合う健康法なんてない。体の叡智は、自分の体質に合った方法を教えてくれる。

ポイント 4　体の叡智とつながっている状態なら、時にはどの病院が自分に合っているかまで、直感を通して察知することもできるんニャ。

ポイント 5　自己受容が進めば、愛と歓びに満たされるようになり、宇宙の波動とも同調するようになるから体の調子もよくなり、アンチエイジングにもつながるぞ。

ポイント 6　いつも一生懸命やってくれている体に感謝することで、ますます健康になるぞ。

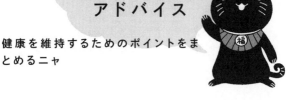

CHAPTER

8

どんな親であろうと魂は無傷いくらでも幸せになれる

[幸せになる道具・7]
親からの卒業証書

親を心配するより、信頼する

——実家からの電話で、母親が救急車で運ばれたと知り、動揺する並子。

並子　成実子さん、さっき実家から電話があって、母が転んで立ち上がれなくなり、救急車で搬送されたって。

成実子　まあ、そんなことが！　お母さん、大丈夫だといいんだけどね。

並子　これから急いで実家に帰って、状況を確かめてくる。

成実子　取り込み中のところ恐れ入りますが、並子さん、どうすればいいのかわかってるわよね。

並子　ええと、お父さんと一緒に入院の準備を手伝って、病院から病状をよく聞いて、今後どうすればいいのか相談してくればいいんでしょ。どうも、背骨を圧迫骨折してるらしく、自力で立って歩くことは難しくなりそうなんだよね。

成実子　行動レベルはそれで完璧だと思う。とっても仕事のできる並子さんらしいわ。でも、もっと大事なことがあるの。今すぐに答えなくてもいいから、何が一番大事なことなのか、実家に着くまでの間だけでもちょっと心にとめてみて。

並子　うん、わかった。なんとなくわかりかけてるんだけど、もうちょっと冷静になって見つめてみるね。それじゃ行ってきます。

――新幹線に乗って、母がよくなるように祈り続ける並子。すっかり成実子に言われたことを忘れている。

並子　どうしよう。お父さんももう80過ぎてるし、兄妹も、みんなこっちに出てきてるし。誰も両親と一緒に暮らせそうにないよ。どうしたらいいんだろう？

――実家に戻ると、父親は憔悴《しょうすい》していて、元気がない。母親の容態は思わしくなく、医者からの話によると、退院までは3カ月以上かかる見込み。その上、退院しても、自力で歩くのは難しそうで、最悪寝たきり。歩けたとしても歩行器などの補助具を使わないと、歩くことは困難らしい。

並子　お父さん、ご飯どうしてる？　自分で作ってる？

父　味噌汁とご飯くらいは作れるよ。おかずはスーパーで売ってるから。それで大丈夫だ。

——スーパーで買ってきた煮物がパックのまま食卓に上がっている。胸が痛む並子。

並子　スーパーで買ってきてもいいけど、せめて温めて食べてよ。ちょっとチンすればいいだけなんだからさ。

父　ああそうだな。お母さん、戻ってきても、料理作れないかもしれないなあ。どうやって暮らしていったらいいのか……。

並子　私もときどき帰ってきて手伝うからさ。

父　でも、お前もだいぶ手広くやってるようだし、そんなにしょっちゅう戻ってこれないだろう。

並子　お兄ちゃんたちとも相談するよ。後は介護保険を使ってみれば？　こういう状況になったら、やっぱり人の手も借りないと。

父　……。どうやったらいいんだか。なんか面倒だよ。

並子　私もちょっと調べてみるから。とりあえずお母さんは入院できたんだから、お父さんはちょっと休んで、精がつくもの食べて、元気出して。そうだ！　今日は一緒に外においしいもの食べに行こう。私がごちそうするから。たまにはいいでしょ。

――外でおいしいものを食べ、少し元気が出た父親を残し、並子は仕事があるので、翌日にはとんぼ帰り。新幹線の中で、いろんな思いが交錯する並子。

並子　昔は両親と散々ケンカしたよな。お父さんはとっても厳しかったし、なかなか褒めてもくれなかったし、反抗すると話を聞いてくれるどころか、手も足も出たからね。子どもの中で自分だけ愛されていない気がして、すごくさびしかった。そのさびしさも全然受け止めてもらえなかったしね。でもあんなに弱気になってるお父さんや、歩くことも満足にできなくなってるお母さんを見てると、かわいそうになってくるよ。なんとかしないとなあ。お兄ちゃんや妹にも相談しよう。

――帰宅後、両親の状況を兄や妹に伝え、これからは月一回ずつ交代で帰省し、介護を手伝うことを提案。けれどもそれは、誰にとっても正直しんどい。

それからしばらくして父親まで心労で倒れ、入院。頭を抱える並子。

成実子 並子さん、何が大事なことか思い出した？

並子 それどころじゃないよ。両親とも入院中だよ。
私も他の兄妹も実家に戻って世話ができる状態じゃないし、困ったなあ。

成実子 あなたの気持ちもよくわかるわ。こんなこと初めてだからショックだろうし、心配するのも当然よね。
だけど、そういう状況だからこそ、思い出してほしいことがあるの。
ここまでいろんなことを学んできたあなたなら、この状況で何が一番大事なことなのか、思い出せると思うの。

並子 ええと、思ったことが波動として発信されて、それが現実を作っていくんだったよね。そして自分の周りにいる人は、自分の思っていることを映し出す。

成実子　その通り。だとしたら、何が大事なことだと思う？

並子　わかった！　わかったよ！　そういうことか！

うっかり忘れてた。大変だ、**困ったことになったって心配するんじゃなくて、きっとどうにかなるはず。お母さんだってきっとよくなるし、お父さんも休んだら元気になれるって信頼すること**だよね。

兄や妹もきっと助けてくれるし、介護保険でカバーすることもできるはずだって方向に意識を向けることだね。

成実子　さすがは並子さん。この状況でよく思い出せたわね。その通りよ。

並子　そうだよね、**「心配」するより「信頼」すること**だね。

大変なことになったって気をもむより、両親は大丈夫だ、何か方法があるって自分と宇宙を信頼するんだった。

大事なことを思い出させてくれてありがとう。

今からそっちに意識を向けるよ。ここまでいろんなことを乗り越えてきたんだ。

両親のことだって、できないことはないはずだね。

——それから並子は意識を変えた。兄や妹にも、「心配するんじゃなくて、一緒に希望を持とう」と声をかけた。そして介護保険についても研究。

父は1週間で退院。ようやく退院した母親は、寝たきりにはならず、病院でリハビリを頑張り、歩行器を使えば、歩けるほどに回復した。

妹が実家に戻ったときに、ケアマネージャーと面談し、両親とも介護認定を受け、ヘルパーさんや家政婦さんに入ってもらうようにした。母親はデイケアに週2回通うようになり、その間父親は休息できるようになった。母親はそれからますますリハビリが進み、少し料理も作れるまでに回復している。

親を背負うのをやめる

成実子　40代も半ばを過ぎると、親の介護の問題が出てくることもあるわよね。親はとっ

ても大切な人だし、助けられるなら助けたいと思うのも当然よ。それが情だし、家族愛でもあると思うわ。

だけど、自分も余裕がないのに、無理に背負ってしまうと、共倒れになってしまう。

自分にできることは愛を込めてやったらいいけれど、人の助けも借りていいということを忘れないで。

皮肉なことに、自分がやらなければと背負えば背負うほど、ますます重くのしかかるようにできているの。

宇宙の法則を理解していると思うけど、**私がいないと親は生きていけなくなるという思いが強いと、それがますます現実化していく**こ

私がいないと
親は生きていけない
私なしでは親が生きていけないことが現実化
私がいなくても
親は大丈夫！

とになってしまう。

並子　確かにそうだった。両親のことを信頼して、人の力も借りようって思ったら、ちゃんとそういう方向に展開した。

それに、ケアマネさんもヘルパーさんもとってもいい人で、私たちよりも気が利くくらいやさしい人たちに恵まれた。

私たちも帰れるときは帰って、そのときは思いっ切り手伝って、二人に休んでもらってる。こっちも無理していないから、長続きしている。

何を信頼するか、何を自分に許しているかってとても大事なことなんだね。

無理して親を背負い込むことが親孝行じゃないのかもしれないね。

親になってくれただけで１００点

並子　今は両親ともに年を取って、子どもの助けを必要としているけど、私が親の愛を一番必要としてたときには、それに応えてもらえなかった。それがありのままの

成実子　自分を認められないどころか、自分を大嫌いになることにつながった気もする。だから早くうちを出て、自分で生活できるようになりたいと思ったし、半面、ず〜〜〜っと親の愛を求めていた気もする。

あなたと同じ親から生まれてきた私には、あなたの気持ち、誰よりもわかるわ。さびしかったし、悲しかったわよね。

でも、あなたが生まれる前に、さとこさんにどういう役割を演じてもらうか、ある程度決めていたことを覚えてる？(P108〜109参)

並子　もちろん覚えてるよ。

成実子　会社の同僚だってそうなんだから、親とは相当念入りに打ち合わせして生まれてきたと思わない？

だいたい、よく親になることを承諾してくれたわよね。

並子　この両親がいなければ、私たちは人間として生まれてこれなかったんだから。全然覚えてないけど、さとこさんとでさえそうだったんだから、両親となると、もっと細かく決めていたんだろうね。早死にしないで、両親とも長生きして、介護の問題が出てくるってことも、もしかして決めた通りだったのかもしれないね。

成実子 そう思ったら、親の魂って本当にありがたい存在よね。
子どもの頃に、どんなにさびしい思いやつらい思いをしたとしても、なんらかの理由があって、それを体験させることをわざわざ承諾して、わざわざ憎まれて、わざわざケンカにまで付き合ってくれてるんだから。

並子 なんかね、今はそのことがうっすらわかるんだ。今の私のこの仕事、疲れている人にぬくぬく温まってもらって、心も体も元気になったらいいなあって思ってやってる仕事でしょ。

こんなことしたいって思うようになったのも、自分自身がつらくてさびしい思いをいっぱいしてきたからなんだなあって思うんだよね。

だから、もしかするとさとこさんみたいに、両親もさびしい思いをさせるっていう面倒な役割を演じてくれたんじゃないかなって気もしてきた。

そう思うとさ、私の親になってくれて、私を産んでくれてありがとうっていう気持ちしかなくなるね。

成実子　そうね。**親は親になってくれただけで100点**なのよ。
それだけでもう十分親の役割を果たしているの。

自己認識が変われば、親子関係も変わる

並子　昔は兄妹の中で、自分だけ愛されてない気がしてたけど、不思議なことに、今はものすごく両親から愛されていたんだってわかるようになった。

なんでそのことに気づかなかったのか不思議なくらい。

以前は、親からひどい目に遭ったってことにばかり意識が向いていて、本当は楽しいことも、助けてもらったことも、才能を引き出してもらったこともいっぱいあったのに。そっちは全部ないことにしてるって気づいた。

小学校の頃、土曜日に半ドンで帰ってくると、よくお母さんがお昼ご飯に卵サンドを作ってくれたことを思い出して。あれ、おいしかったなあって。ゆで卵をつぶして、ホワイトソースであえるのを手伝ったりしたんだけど、パンにはさむの

を待ちきれなくて、つまみ食いしても許してくれたよなあとか。

星がきれいに見える夜には、わざわざ「星が出てるよ」って教えてくれて、一緒に外で見たよなあとか。

日常の中で、大事にされたり、かわいがってもらっているシーンがいっぱいあったことがよみがえってきた。だから今は少しもさびしくないんだよね。

私は親に愛されて育ったんだって心から思えるようになった。

成実子 あなたの**自己認識が変われば、親子関係だってそれを反映して変わる**のよ。それを実体験したのよ。

並子 私も今頃になって、こんなに認識が変わると思わなかった。

でもそういうことなんだね。

やっぱり自分が自分をどれだけ愛し、許し、受け入れているかが本当に大事なことなんだね。それが体験する世界を変え、親子関係をも変え、人生の展開も変えるんだね。

過去に何があろうと、魂は無傷

成実子　本当はね、**過去に何があろうと、魂に傷がつくってことはない**のよ。

そもそも、何をやるか大筋決めてから生まれてくるし、わかっててその体験をしてるわけだから。

親子関係のトラウマがあるように見えても、本質的にはそんなものはないの。魂はいつだってピカピカで、美しく輝いてる。

人間として生まれてきて、体験したいことを体験しているだけ。

すべてうまくいってるし、どこもおかしくないの。

でもそれを最初からわかった上で人間やってたら、答えがわかってる問題を解いてるみたいで面白くないのよ。だからそのことを忘れて、一つひとつの体験を新鮮に堪能している。

ある程度人間を体験していくと、そのことを思い出せる段階に入り、また違った意味で生きていることを新鮮に楽しめるようになってくるのよ。
たぶん並子さんも、その段階に入ったんじゃないかしら。

並子 そうかもしれない。両親にも、成実子さんにも、これまで出会ってきたすべての人にも、今はただ感謝したい気持ち。
両親にはとりわけ感謝してるけど、互いに自立した別の人間であり、それぞれの人生があるんだって気がしている。

成実子 今のあなたの言葉、本当の意味で親から卒業できた人の言葉よ。
両親に純粋に感謝しているけれど、親を縛りもしないし、親に縛られてもいない。

むしろ愛と信頼の絆は深まっているけれど、**互いを尊敬し、尊重し、それぞれの道を生きていい**んだって認めている。

並子 親子の学びがある程度完了したのかもしれないなあ。

成実子 それじゃあ、最後の幸せになる道具をあげるわ。

並子 えっ、もう最後なの。

成実子 忘れたの？ 最初に言ってたでしょ。幸せになる道具は全部で7つだって。
これがちょうど7つ目でしょ。

並子 そうか。そうだね。もうそんな時期か……。
最後の道具って、一体何？

成実子 親からの卒業証書よ。
これはね、自分で声に出して読んで受け取るものなの。

並子 卒業証書ってさあ、校長先生みたいな人から読んでもらって受け取るものだと思ってたけど、これはそうじゃないんだね。

成実子 そうよ。自分で自分に宣言する卒業証書なのよ。

自分で声に出して読んだら、それを自分の魂に浸透させるの。

親子関係は魂の関係だから。

親の役割を演じてくれた魂に感謝して、その役割から親を解放してあげるの。そして自分自身もこの先は自分の責任で人生を歩むって宣言するの。

い〜い？

並子　わかった。そうだよね、親という役割からも解放してあげないとね。

成実子　そうよ。さあ、これが親からの卒業証書よ。

並子　はあ〜〜〜。ちょっと深呼吸するね。

じゃあ読むね。

………

お父さん、お母さん、私の親になってくれてありがとう。

私をたくさん愛して、育ててくれて、本当にありがとう。

私はあなた方から、たくさんの恩恵を受け取りました。

そしてやっと、自分の足でしっかりと立ち、自分の責任で生きていけるところまで来ました。
だから、お父さんとお母さんを私から解放します。
そして私も、お父さんとお母さんから解放されます。
お父さんとお母さんも、自分の道を歩んでいってください。
私も、私の道を堂々と歩んでいきます。
心から愛しています。
そしてありがとうございました。
……………。

成実子　さあ、魂に浸透させて。

並子　はい。

——卒業証書を抱きしめて、魂に浸透させる並子。涙があふれてその愛と感謝の涙も、一緒に魂に浸透していく。

成実子　…………。美しい涙ね。

並子
今、精神的に完全に卒業したわよ。

成実子
うん。もしかすると、両親の肩の荷も下りたかもしれないなあ。
いつも私のことを心配して、気にかけていたから。
その心配がきっと信頼に変わってるんじゃないかな。
両親から卒業したのに、それによって不思議ともっと絆が深まった気がする。
それが本物の卒業なのよ。

並子
わだかまりが全部昇華されて、愛だけが残ったの。だから絆が深まった気がするのよ。
魂ってね、本来は愛だけでつながっている。その原点に戻ったのよ。
今、とても満ち足りていて自由な気分。成実子さん、本当にありがとう。

幸せになる道具・その7

卒業証書

お父さん、お母さん、私の親になってくれてありがとう。
私をたくさん愛して、育ててくれて、本当にありがとう。
私はあなた方から、たくさんの恩恵を受け取りました。
そしてやっと、自分の足でしっかりと立ち、
自分の責任で生きていけるところまで来ました。
だから、お父さんとお母さんを私から解放します。
そして私も、お父さんとお母さんから解放されます。
お父さんとお母さんも、自分の道を歩んでいってください。
私も、私の道を堂々と歩んでいきます。
心から愛しています。
そしてありがとうございました。

親からの卒業証書

仕上げのワーク

自分を親から解放する親からの卒業証書を潜在意識に浸透させよう

お話の中に出てきた幸せになる道具を、これからあなたの潜在意識にも浸透させていきます。ダウンロードしたパワーアートを見ながらやってみてください。

1

背筋を伸ばして座り、手足を組まずに両足の裏を床につけ、手のひらを上に向けてひざの上に置きます。

2

軽く目を閉じて、深呼吸を繰り返し、心を鎮めます。

3

パワーアートを無心に見つめます。

4

277Pの並子が読んだ親からの卒業証書を魂を込めて読み上げます。

5

そして、「私は親から自由になり、自分の魂に従って生きていきます」「これから私はこちらの生き方を採用すると決めました」と強く意図します。

6

その象徴である親からの卒業証書が、胸の中央の奥にある魂に浸透するのをイメージします。

7

1〜2分そのまま浸透させたら、宇宙に感謝して終了します。

猫の神様の
ニャンポイント
アドバイス

**親から真に自立するための
ポイントをまとめるニャ**

ポイント 1 親を心配すればするほど心配した通りになってしまう。それより大丈夫だと信頼すること。信頼すれば信頼したことが現実化するのが宇宙の法則ニャ。

ポイント 2 親の介護を自分が頑張らなければと背負えば背負うほど、重くのしかかってくる。それより介護保険や人の力も借りることニャ。

ポイント 3 生まれる前にお願いした通りの親を演じてくれている。だから親になってくれただけで、100点なんニャ。

ポイント 4 自己受容が進むと、それを反映して親子関係も愛に満ちたものに変わるんニャ。過去に何があろうと、魂は無傷。いつもピカピカに輝いてるぞ。

**思ったことが現実化するのが
宇宙の大原則ニャ
心配するのではなく
信頼するニャ**

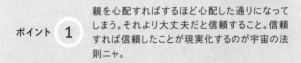

CHAPTER

9

進化はどこまでも続く

それは超能力じゃない、もともと備わっている力だ

——いよいよ期限だった1年間の終わりが近づいてきた。

最近の並子は、成実子がやっているバーチャルリアリティを使った癒やしにも興味を持ち、その新たな可能性を真一の協力を得ながら探り始めていた。

自分一人の発想だけでなく、自分以外の人たちの発想とコラボレーションして、新しいプロジェクトを展開することにこの上ない歓びを感じていた。

成実子が浸透させてくれた7つの幸せになる道具は、ほとんど自分の血や肉となり、人生を強力に押し上げている。

成実子から学んだ最高に幸せな人生を生きる秘訣も、自分一人で独占するのではなく、たくさんの人に伝えていこうと心に決めていた。

猫の神様　こんばんニャ〜〜〜〜。

並子　出たな化け猫！　ああ、ビックリした。久しぶりだね？

猫の神様　化け猫じゃないから。神様だって言ったよね。覚えてないんかい？

それにしてもずいぶんと見違えたニャ〜〜〜。

目つきの悪い、いかにもくすぶってますっていう表情の1年前のあんたとは、別人のようになってるじゃないか。

最高に幸せな人生を生きているもう一人の自分から、しっかり学べたようじゃニャ。どう？　よかったじゃろう？　猫の恩返し。

並子　いやあもう、猫の神様、様様だよ。1年間でこんなに人生が変わるなんて、今でも信じられないくらい。
最初は成実子さんが自分とはかけ離れた遠い存在に思えていたのに、今は友達みたいなすごく近い存在に思えるよ。この人は本当にもう一人の自分だったんだなって感じてる。

猫の神様　そうか。それは素晴らしい。人間にはまだまだ開かれていない可能性があるんニャ。あんたは、自分からその可能性の扉を閉ざしていただけのこと。

あの7つの幸せになる道具だって、そもそも人間に備わっている力なんニャよ。

超能力でもなんでもない。

浸透させられたから急にできるようになったわけじゃなく、実はその可能性の扉を開いただけ。

そして扉を開くカギは、自分にもそれだけの力があるし、使えるんだと認めることなんニャよ。

並子　確かに自分には、そもそもそういう力があったんだという実感が今はあるよ。幸せになる道具も、最後の頃には使ってみて感覚がわかったら、後は自力でできるようになっていたから。

猫の神様　素晴らしい進化だニャ。違う時空から最高に幸せなもう一人のあんたを送り込んだ甲斐があったってもんニャ。

並子　でも、もうすぐ期限が来るし、もう成実子さんと会えないのかと思うと、やっぱりさびしいな。こうしていつでも会えたらいいのになあって思う。

猫の神様　その辺のことについては、成実子さんから直接聞いたほうがいいニャろ。わしはこの辺で失礼するけど、あんたのことは天からいつも見守ってるからニャ。

あっ、そうだ。あんたが助けてくれた子猫たち。みんないい飼い主さんにもらわれて、幸せな一生を送れたんニャ。本当にありがとう。

もしも、あんたさえよかったら、その子たちのうちの誰かを転生させて、あんたの飼い猫にすることもできるぞ。

子どもの頃は猫の飼えないうちだったけど、今のあんたなら、その辺は自由だろう。

並子　ホント♪　じゃあどこかで出会えるようにセッティングして。

猫の神様　了解！　こっちにも準備があるから、来週の月曜には三次元に送り込むようにする。やたらあんたになついてくる白猫の子猫がいたら、その目をよく見てごらん。左右の色が違うオッドアイっていう目をしているから。きっとあんたを癒やしたり、幸せを運んだりしてくれる幸せの招き猫になってくれると思うぞ。

並子　やったあ！　あの子猫の生まれ変わりなんて、うれしいなあ♪　大事にするね。猫の神様、本当にありがとう。

波動が変われば、その途端に人生は代わる

成実子 並子さん、猫の神様と再会したんだって？

並子 そうなの。あの化け猫やるよなあ。子どもの頃に助けた子猫の生まれ変わりの猫を飼えるようにしてくれるって。オッドアイっていう左右の目の色の違うかわいい白猫ちゃんらしいんだよね。

成実子 よかったわね。きっとあなたを守護してくれると思うわ。

並子 それはとってもうれしいんだけど、もうそろそろ期限の1年になるよね。せっかくここまで導いてくれた成実子さんとお別れかと思うと、それがたまらなくさびしいよ。

成実子 あなた、猫の神様に「昔は私を遠い存在だって思っていたのに、今は友達みたいに近い存在に感じる」って言ってたでしょ。

並子 もう！　なんでも猫の神様とツーカーなんだね。

成実子　そうよ。私たちは情報を共有しているから。それもあなたの力になりたいからなのよ。

ところで、遠い存在だったのに、近く感じられるようになったのはなぜだと思う？

並子　それはもちろん、成実子さんの教えてくれたことを吸収して、私の人生が大きく変わって、成実子さんの人生に近づいてきたからだと思うよ。

成実子　そうよね。今ではあなたもバーチャルリアリティを使った施設も視野に入れているし、なんだか似たようなことしてるわよね。

1年前は、想像さえしなかったことだって、意識が変われば十分起こりうることなのよ。

並子　本当にそうだね。**ただ流されて生きていくんじゃなくて、自分が今どっちに意識を向けているのか、何を信じているのかを客観的に把握すれば、いつだって、その向きを変えられる。それによって、体験することも人生も変わっていく**んだね。

成実子　つまり、**価値観や信じていることや自己認識が変わることによって、発している**

波動が変わり、波動が変わった途端に、無数にあるパラレルワールドの中の別の人生にあっという間に移行してしまうっていうことなのよ。

並子　私はこの1年間で、そのことをリアルに体験したんだね。

成実子　そうよ。**私たちは違う人生に、電車に乗って移動するわけではなく、一瞬にしてシフトしてしまう**から、あまり認識できないけれど、実際には毎瞬それが起こっているのよ。

並子　毎瞬！　そんなにしょっちゅう起こってるんだ！　それは驚きだよ。

成実子　真一さんとの関係だって、あなたの意識が昔のままなら、たぶんこうはなっていない。ここまで関係も親密にはならなかったかもしれない。
でもあなたが、自分は大事な人だし、大好きな人と愛し合っていいし、愛を受け取っていい人間なんだって思えるようになったから、こっちの人生にシフトしたってこと。

並子　私も真一さんとの関係が変わったとき、もしかすると私の波動が変わったから、こっちの展開に代わったのかもしれないなあって思った。

成実子　だからね、**いつも自分の波動がどうなっているかをちゃんと認識して、高い波動を発し続けられるなら、あなたの人生はまだまだ発展していく**のよ。

常に進化するには、安住しないこと

並子　今の私はこれ以上ないほど幸せだし、今はもっともっとっていう気持ちは不思議と起こらなくなってきたんだよね。だけどやってみたいことは次々湧き上がってくる。そんな自分の内なる衝動に素直に従っているだけなんだけど。それじゃあ発展しないのかな？

成実子　そうね、**今の自分の人生なんてまだまだだっていう焦りや欠乏感から、足りないものを求め続けるなら、どこまでも行っても満たされない人生になってしまう**でしょうね。たとえ億万長者になっても、有名人になったとしても、内面的には前よりもっと不幸になってしまうことだってあるの。
だけど、あなたが**いつも歓びにあふれたことを選び続けるなら、まったく想像す**

らできないほど人生はシフトし続けるわよ。

並子　そうなんだ。今だって十分人生を楽しんでいるのに、もっと次元の違う大きな歓びを味わう可能性もあるってこと？

成実子　そうよ。

たとえば、家を建て直すときには、一回古い家を全部壊して、更地にしたりするでしょ。

こんなふうにある段階まで来ると、さらに次元の違う豊かさや幸せを受け取れるように、それまでうまくいっていることでも、一回壊したり、手放したりする段階がやってくることもあるのよ。

それなのに、**いつまでも同じやり方にしがみついていると、宇宙がそれを強制終了させてしまう**こともある。

だから、**自分のほうから、自分が変化を恐れて安住し始めたと思ったら、恐れずにその安住を手放せばいい。**

それがどこまでも発展していく秘訣よ。

本当の進化

並子　その意味では、今は経営者としてやっているけれど、全然違うことを始める可能性もあるんだろうね。

成実子　今の仕事を全部誰かにまかせて、山奥に理想郷を作り出したりするかもしれないよね（笑）。

並子　それがそのときの自分の一番やりたいことなら、たとえ今やっていることがうまくいっていたとしてもそれを手放して、魂の歓びに従い続ける。

成実子　ということは企業の規模が大きくなり続けることが進化とは限らないっていうことなんだね。

そうよ。**感じる幸せや、与える幸せが大きくなっていくことが本当の進化**なのよ。その意味でも次元の違う人生に代わることは大いにありえる。その**変化を恐れず、どこまでも魂に正直に生き続けていく**ことね。

並子　そう聞いて、逆に安心した。
正直言って、ず〜〜っと同じことを続けていくなんてつまらないと思っていたから。真一さんだって別の道を見いだして、私たちの関係が発展的に解消するかもしれないし、私だって別のパートナーにチェンジする可能性もある。

成実子　そのあたりも、お互いに自由でありたいんだよね。
相手を縛って、ずっと自分のそばにいてもらおうとすると、窮屈な関係になってしまうのよね。入籍しなかったことも、完全に同居しなかったことも、そういう意味では正解だったわね。

宇宙に縦横無尽に力を発揮してもらう

成実子　**もう一つ大事なことは、無限なる宇宙に自由に力を発揮してもらえるようにすること。**思い通りにすることがベストなこととは限らないという話は、前にしたわよね。

自分の波動を高めにすることを心がけさえすれば、後のことは宇宙におまかせしたほうが早いし、ずっとうまくいくの。それはあなたも十分体験してきたことよね。

並子　まさにまさかの連続だったよ。今もそれが続いている。

「ここでこういう人と出会うか！」っていうくらいミラクルな出会いがあったり、「こんなことやりたい」ってちょっと思っただけでチャンスが巡ってきたりし続けてるもの。

成実子　**一度、そういう宇宙の流れに乗ってしまえば、楽に運ばれるようになる。その流れに逆らわないこと**なのよね。

一体どこに運ばれるんだろうって怖くなっても、宇宙を信頼しておまかせし続ければ、見たこともない景色を、次々見せてもらえる。

並子　以前の私は、恐れからどうにかしようとしていたから、その恐れが見事に次々と現実化していたんだって今ならよくわかる。

成実子　結局**波動が高くなれば、宇宙と一つになれる**の。

並子

だから、**自分がやりたいと思うことは、宇宙のやりたいことであり、宇宙のやりたいことが、自分がやりたいと思うこと**になってくる。**だから強力な後押しを受けるし、願うまでもなく宇宙が先回りして叶えてくれるようになってくる**のよ。

それが宇宙の法則だということを、あなたも十分体験したでしょ。


最近は願うこと自体がなくなってきたよ。それよりも、宇宙に向かって自分の意志を明確に伝えるようになってきた。

これからこういうことやるよって伝えたり、これからはこういう価値観で生きていくよって伝えたり……。

すると宇宙がすぐにアレンジしてくれる。

今はこんなにやりたいことをやって、人にも恵まれて、生きることが楽しくてしかたないけど、そうなるために、すごく頑張ったり、難しいことをしなければならなかったわけじゃなかったんだってこともわかった。

とてもシンプルな宇宙の法則を理解しさえすればよかったんだよね。

そのことをこの1年間で実体験させてもらったよ。

私とあなたは一つ

――とうとう期限である1年の終わりの日がやってきた。

並子　ついにこの日が来ちゃったね。今の私は、とても幸せで満ち足りているけど、もう鏡をのぞき込んでも成実子さんが出てこなくなるかと思うと、心にぽっかり穴が開いたような気持ちだよ……。

成実子　あなたはこの1年間、本当によくやったわ。もう後戻りはしないという覚悟で、次々とチャレンジしていった。

私はそんなあなたに本当に感動したわ。あなたを見ていて、昔の自分を思い出したりして、私自身もよくここまでやってきたって改めて感動もした。

この1年間は私にとっても、とても大きな学びの1年間だったわ。

だけど私たちは、もう会えなくなるわけじゃないのよ。

私たちは別々の人間じゃないのよ。同一人物なのよ。
1年たっていろんなことを学んで、最高に幸せな人生を更新し続けているあなたと私の境目がもうなくなったってこと。
もう会えなくなるんじゃなくて、逆にもう離れられないほどぴったり一つに溶け合えるようになったの。

並子　そうか！　私たちは統合されるんだね。

成実子　そうよ。だからお別れじゃなくて、永遠に一つになるの。

並子　すごい！　なんて素晴らしいことなんだろう！

成実子　私に聞いてみたいことがあったら、自分に聞いてみて。きっとあなたの中からその答えが浮かび上がってくるはずよ。
もはや私がわかってることなんて、あなたもわかっていることなのよ。
鏡をわざわざのぞき込む必要もなくなるの。

幸せにも歓びにも限界はない

成実子

だけど、**別の時空には、もっと進化した別の私たちがいる**の。その別の私たちが、一体どんな人生を送っているのかなんて、私にもわからない。

ただ**そういう分身がいるということは、もっと大きな幸せや歓びを体験することができるということ**なのよ。

だから、あなたと私が一つに統合されたとしても、これで終わりじゃないの。さらに進化を続けていく。

そして今は別の時空にいるもっと進化した私たちとも、やがて統合されることになると思う。

それがどんな形で起こるのかも、全然わからないけどね。

宇宙は常に進化の方向に向かって導き続けているから、そうなるであろうということだけはわかってるの。

幸せにも歓びにも限界はないのよ。

並子　**もしかすると、もっと進化した別の時空にいる私たちは、何も持たない人なのかもしれない。でも、とてつもなく満ち足りていて、毎瞬天にも昇るような気分だったりするかもね。**

私たちはどこまでも進化し続けていくんだね。

でももう、私たちっていう言い方もふさわしくないね。

成実子　そうね。

魂を創造したのは無限なる宇宙よ。宇宙は進化し続けている。

だから宇宙から創造された魂も進化し続けていく運命なのよ。

それじゃ、私はあなたの中に溶けていくわね。

並子　うん……。

――その瞬間並子は、この1年間、別の時空にいる最高に幸せな人生を送っている成実子というもう一人の自分から、7つの幸せになる道具をもらって、どうすればそんな人生を送れるようになるのか教えてもらったということを完全に忘れた。

統合とは、そういうもの。

ただ以前よりハートがぬくぬくして、ただ生きているだけでも幸せだと感じる瞬間が増えていった。

私たちは、こうして何度も別の時空にいるもう一人の自分から何かを教わっているのかもしれない。そして、統合されるたびにそのことを忘れ、また別のもう一人の自分に出会い、次の進化のステージに進む。

そんな壮大な進化のプロセスが展開しているのかもしれない。

もしかすると、大成功しているもう一人の自分との出会いが、明日、鏡をのぞき込んだ瞬間に、この本を読んでいるあなたにも起こるかもしれない。

おわりに

別の時空に最高に幸せなもう一人の自分がいるなんて、フィクションだと思うかもしれませんね。

でも私は実際にそれを体験しました。

並子さんと同じように、私もやりたいことがはっきりしていました。

それなのに、いったいどこから始めればいいのかわからない。

そんなとき、もう一人の大成功している自分が出てきて教えてくれたのです。

「大丈夫。あなたのサイキックな能力を生かして、最初は占いでも透視リーディングでもなんでもやればいい。そこからすべてがつながっていくから」

私は妙にその言葉に納得し、透視ヒーリングを習い、個人セッションをするようになり、そこからもう一人の自分が言ったように、すべてがつながり、シフ

トスクールという連続コースを全国で展開し、大成功しました。

でも、もう一人の自分に教えてもらわなくても、宇宙と波動を同調させるようにすれば、どうすればいいのか、宇宙はいつも導いてくれるし、想像を超えるミラクルだって起こし続けてくれます。私はそれを実際に体験し続けています。

この物語の並子さんに起こったことは、すべてがフィクションではなく、私自身に起こったことや、私が教えたことを実践した人に実際に起こったことをベースにしています。つまり、成実子さんが教えてくれたことを実践することで、あなたにもこれと同じことが起こっても全然おかしくないということです。

次はあなたの番です。あなたがこの本を活用して、最高に幸せな人生を生きるもう一人の自分と統合することを、私は心から祈っています。

2021年8月

大木ゆきの

大木ゆきの　宇宙におまかせナビゲーター

小学校教師、コピーライター、国家的指導者育成機関の広報を経て、スピリチュアルの世界で仕事を始める。「宇宙におまかせして、魂が望むままに生きよう」と決意したときから、八方ふさがりだった人生が突然逆転し、想像を超えたラッキーやミラクルが起こり、自由で豊かな生活を手に入れる。この奇跡をたくさんの人に伝えたいという魂の衝動からワークショップを全国で開催。募集開始とともに応募が殺到し、各地で満席状態に。ブログで情報発信を始めたところ、読者が急増し、アメーバブログ2部門で1位となる。月間400万PVを誇り、執筆依頼は2年待ち。数回にわたってインドの聖地で学び、恐れや執着から自由になる「認識を変える光」を流せるようになる。現在は、執筆が中心となっているが、魂の赴くまま不定期でワークショップも開催している。著書に、『とらわれを手放す「風の時代」の幸せ法則』(マキノ出版)、『365日の宇宙ワーク大全』(KADOKAWA)、『いつもいいことが起こる自然からの無限パワーチャージ』(PHP研究所)など多数。

- ブログ『幸せって意外にカンタン♪』 ▸ https://ameblo.jp/lifeshift
- facebook ▸ https://www.facebook.com/yukino.ohki

ブックデザイン　小口翔平+加瀬梓(tobufune)
イラスト　高田真弓
DTP制作　アーティザンカンパニー
校正・校閲　小出美由規

なりたい自分に“代わる”だけ
大成功してる私が教えてくれた人生が大逆転する宇宙の法則

発行日 2021年 9 月10日　初版第1刷発行
　　　 2021年10月 1 日　　第2刷発行

著　者　大木ゆきの
発行者　久保田榮一
発行所　株式会社扶桑社
〒105-8070 東京都港区芝浦1-1-1 浜松町ビルディング
03-6368-8870(編集) 03-6368-8891(郵便室)
www.fusosha.co.jp
印刷・製本　図書印刷株式会社

定価はカバーに表示してあります。

造本には十分注意しておりますが、落丁・乱丁(本のページの抜け落ちや順序の間違い)の場合は、小社郵便室宛にお送りください。送料は小社負担でお取り替えいたします(古書店で購入したものについては、お取り替えできません)。

 ISBN 978-4-594-08918-4

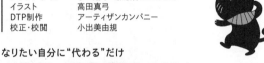